# 中国与苏丹职业教育合作研究

## ——以"楚怡"职教在苏丹的实践为视角

徐喜波　潘雪义　余玲芝　著

群言出版社
QUNYAN PRESS

·北京·

图书在版编目（CIP）数据

中国与苏丹职业教育合作研究：以"楚怡"职教在苏丹的实践为视角 / 徐喜波，潘雪义，余玲芝著 . — 北京：群言出版社，2022.8
ISBN 978-7-5193-0759-2

Ⅰ . ①中… Ⅱ . ①徐… ②潘… ③余… Ⅲ . ①职业教育—国际合作—研究—中国、苏丹 Ⅳ . ① G719.2 ② G719.412

中国版本图书馆 CIP 数据核字（2022）第 157637 号

**责任编辑**：张文斌
**封面设计**：刘志伟

出版发行：群言出版社
地　　址：北京市东城区东厂胡同北巷1号（100006）
网　　址：www.qypublish.com（官网书城）
电子信箱：qunyancbs@126.com
联系电话：010-65267783　65263836
法律顾问：北京法政安邦律师事务所
经　　销：全国新华书店

印　　刷：廊坊市海涛印刷有限公司
版　　次：2022年8月第1版
印　　次：2023年1月第1次印刷
开　　本：720mm×1020mm　1/16
印　　张：12
字　　数：165千字
书　　号：ISBN 978-7-5193-0759-2
定　　价：68.00元

【版权所有，侵权必究】

如有印装质量问题，请与本社发行部联系调换，电话：010-65263836

中国与苏丹职业教育合作双方签署协议

苏丹恩图曼职业培训中心校门口悬挂中阿英三种语言校牌

2017年9月13日，中国驻苏丹大使馆经商处参赞周春林（中）与商务部合作局信息化管理处处长席威（右四）一行到苏丹恩图曼职业培训中心调研

中国和苏丹两国国旗在苏丹恩图曼职业培训中心校园内迎风飘扬

苏丹恩图曼职业培训中心校内中文和阿拉伯语对照文化宣传栏

湖南外贸职业学院副校长桂诚（左）向苏丹恩图曼职业培训中心捐赠图书室

2017年，苏丹恩图曼职业培训中心招生现场人气火爆

喀土穆大学孔子学院与苏丹恩图曼职业培训中心合办的汉语教学点揭牌暨开班仪式

苏丹职业教育来华教师参观长沙规划展示馆

苏丹职业教育电工电子专业来华教师参观湖南省湘江电缆集团

苏丹职业教育管理人员参观湘潭电气职业技术学院

苏丹职业教育妇女发展专业来华教师参观多喜来食品公司

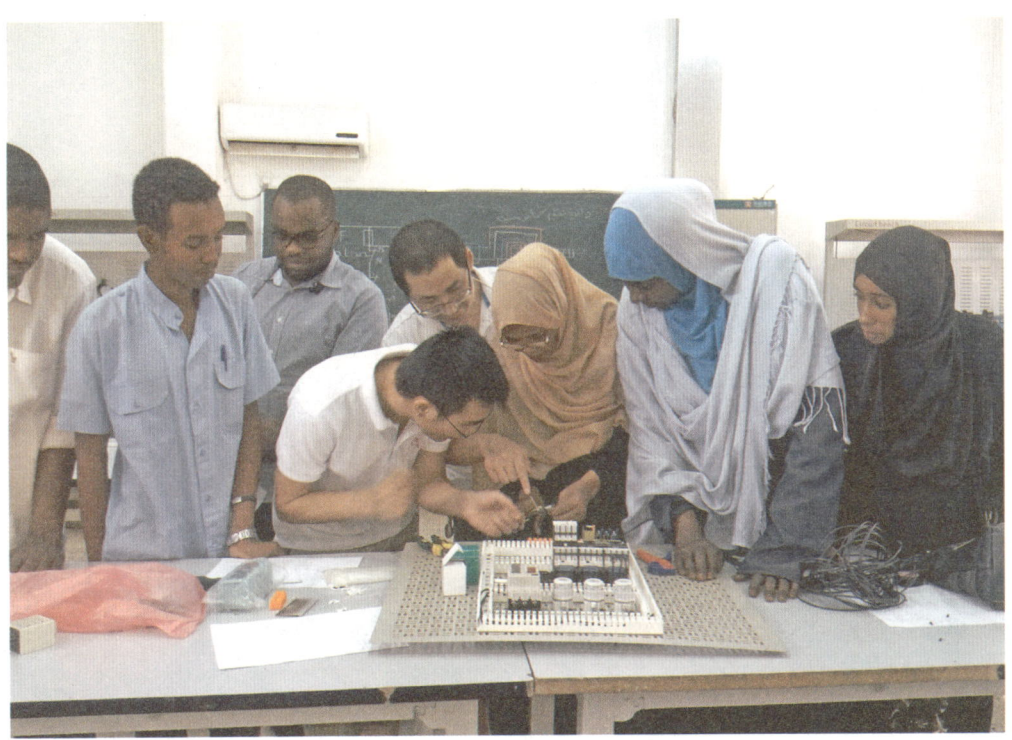

中方教师在苏丹恩图曼职业培训中心给师生上电子电工专业实操课

中方教师在苏丹恩图曼职业培训中心给师生上机械维修专业实操课

中方服装缝纫教师在苏丹恩图曼职业培训中心现场授课

中方建筑专业教师在苏丹恩图曼职业培训中心教苏丹学生测量

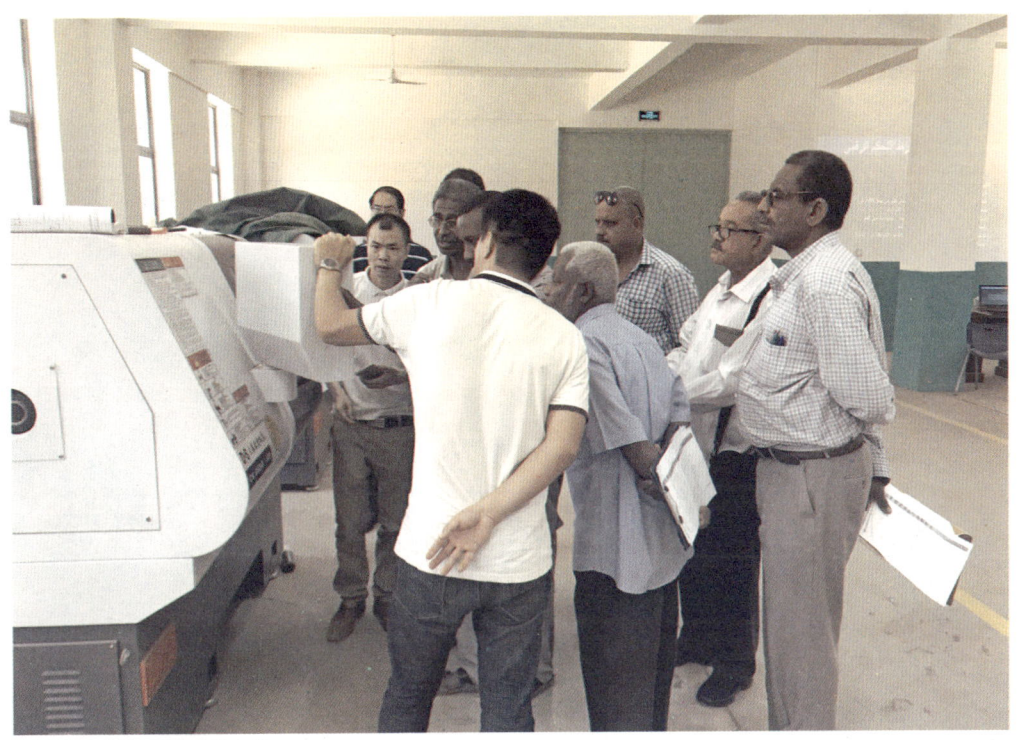

"友谊杯"赛课：数控专业实操

"友谊杯"赛课：汽车维修专业四轮定位仪的应用

中方教师团队参加苏丹华人"同心同行"新春联谊晚会

苏丹恩图曼职业培训中心中国和苏丹双方教师举行"中苏一家亲"元宵节联谊活动

# 序

在"一带一路"的历史进程中，非洲因其独特的历史、社会、经济和文化维度，经济发展、减贫和青年就业等问题突出，人们对职业教育饱含渴望。2021年11月，习近平总书记出席中非合作论坛第八届部长级会议开幕式并发表主旨演讲时表示，共促《中非合作2035年愿景》，实施包括"能力建设工程"在内的"九项工程"，为构建高水平中非命运共同体擘画了新蓝图，为中非职业教育合作提出了新要求。

一以贯之，中国与苏丹两国政府历来重视能力建设，在职业教育领域进行了长达三十余年的合作。中苏职业教育的合作始于苏丹恩图曼友谊职业培训中心的建设，该中心是中国政府1989年援建的职业技术学校，2015年中国对该中心进行了大规模提质改造和扩建。自该中心提质改造和扩建后，面临着如何发展的重大选择，在此背景下，2016—2018年，湖南外贸职业学院受商务部委托，与该中心进行了为期两年的合作。"楚怡"是百年前就已形成的中国职教品牌，是湘式职教的发源和先驱。在合作中，湖南外贸职业学院的教师们攻坚克难，因地适宜，以恩图曼友谊职业培训中心为依托，推进"楚怡"职教走进苏丹，推动苏丹职业教育的顶层设计，促进两国职业教育的深度合作，为中国职业教育"走出去"探出了一条新路，在以下几个方面进行了有益的尝试。

一是契合苏丹职业教育发展实际，推进"楚怡"职教标准落地苏丹。在两年的合作中，湖南外贸职业学院的教师们借鉴"楚怡"职教发展经验，嵌入

"楚怡"职教理念，指导苏丹优化职教层次和结构、设计职教体系框架和运行机制；植入"楚怡"职教元素，开发既符合当地国情，又能引领当地职教发展的教学设施标准、师资标准、课程标准；与中国驻外机构、当地政府主管部门、合作单位、中资企业多方联动，推动标准落地，按标准建立教学、实训体系，建设师资队伍，实施课程教学，取得了实效。

二是强化全过程指导，推进"楚怡"职教方案实施。在两年的合作中，聚焦苏丹职业教育师资能力提升，通过"请进来"与"走出去"相结合，通过送先进制造业企业体验学习、送"双高"职业院校参观学习、送国际型企业交流学习等路径，着力提高苏方教师的教学能力、专业能力和社会服务能力；通过示范教学、示范管理，引入信息技术，帮助苏丹搭建信息化平台，建立教学实训、学生、行政等全流程现代管理系统；通过建立友谊学校、友谊基金、友谊图书室、中资企业实训基地等，推进"楚怡"职教方案在苏丹实施。

三是中国和苏丹文化融合，着力培养本土化技术技能人才。在两年的合作中，在校园中实现中苏文化融合，营造多元文化育人环境，创建"崇尚技术 追求卓越"的校园文化氛围，将"楚怡"精神和湖湘文化，融入教育教学管理各个环节；与中资企业深度合作，精准对接企业需要培养人才，与孔子学院合作，探讨"中文+职业技能"人才培养，培养会汉语的技能人才，满足当地企业及中资企业的人才需求。

授人以鱼不如授人以渔，湖南外贸职业学院与苏丹恩图曼友谊职业培训中心两年的合作从教学管理到教学实施，从示范教学到本土化人才的培养，从教育合作到人文交流，多层次、广维度地开展中苏职业教育的友好合作，不仅帮助苏丹建立了系统、科学的职业教育课程体系和管理体系，而且让湖南职业教育的"楚怡"特色走入苏丹职业教育领域。通过两年的合作，恩图曼友谊职业培训中心实现了从招生不满到招生火爆，从无标准、无教材到有系统标准、有规范教材的跨跃，时任苏丹劳工部职业培训最高委员会秘书长穆斯塔法由衷地表示"在中国专家的无私帮助下，恩图曼职业培训中心在苏丹及非洲成为一个标志性的学校"。2021年1月，中国国务院新闻办公室发布的《新时代的中国国际发展合作》白皮书，也充分肯定了合作取得的成绩：帮助苏丹等国"改善职业教育质量"，"苏丹恩图曼职业培训中心成为苏丹全国职业教育师资培养基地"。

  本书是中苏职业教育合作的深刻总结，介绍了做法，凝练了经验，聚焦了成果。中苏职业教育夯实了苏丹职业教育发展的基础，构建了苏丹职业教育发展的"楚怡"职教方案，创新了为中资企业提供本土化技术技能人才的育人模式，探索出中国职业教育"走出去"的新路径，是新时代职业教育服务国际产能合作行动的一次生动实践，为职业教育服务高质量发展做出了新贡献。中苏职业教育合作模式契合时代需要，适应苏方的社会需求，受到了当地政府、民众和学习者的积极响应和热烈欢迎，产生了较大的社会效应和国际影响力，值得借鉴和推广。

佛朝晖<br>
2022年4月20日

# 目 录

第一章　中苏职业教育合作的背景　//　1
　　一、苏丹经济社会发展概述　//　2
　　二、中苏双边关系发展　//　8
　　三、苏丹职业教育发展概述　//　13

第二章　中苏职业教育合作项目概述　//　21
　　一、苏丹职业教育发展在中国政府援助下的现实需求　//　22
　　二、"楚怡"职教理念的形成、特征及其发展　//　23
　　三、"楚怡"职教与苏丹职教的深度合作　//　35

第三章　中苏职业教育合作师资队伍建设　//　45
　　一、"楚怡"现代职业教育师资队伍建设概述　//　46
　　二、中苏职业教育合作师资队伍建设的主要途径　//　56
　　三、推进中苏职业教育合作师资队伍建设的成效　//　62
　　四、中苏职业教育合作师资队伍建设存在的主要问题　//　64

第四章　中苏职业教育合作示范教学　//　69
　　一、"楚怡"现代职业教育教学理念的传播　//　70
　　二、中苏职业教育合作示范教学的主要做法　//　74

三、中苏职业教育合作示范教学的成效　// 80

四、中苏职业教育合作示范教学的问题　// 82

## 第五章　中苏职业教育标准合作开发　// 85

一、"楚怡"职业教育标准合作开发概述　// 86

二、中苏职业教育标准合作开发的具体内容　// 94

三、中苏职业教育标准合作开发的主要成效　// 100

四、中苏职业教育标准合作开发存在的问题　// 102

## 第六章　中苏职业教育合作人文交流　// 105

一、讲好中国故事，促进人文交流　// 106

二、中苏职业教育人文交流的主要做法　// 115

三、中苏职业教育人文交流的主要成效　// 122

## 第七章　中苏职业教育合作本土化人才培养　// 125

一、本土化人才培养概述　// 126

二、中苏职业教育合作本土化人才培养的主要做法　// 131

三、中苏职业教育合作本土化人才培养的主要成效　// 141

四、中苏职业教育合作本土化人才培养的展望　// 143

## 第八章　推进中苏职业教育合作可持续发展的思考与展望　// 151

一、中苏职业教育合作的实践与新发展　// 152

二、中苏职业教育合作面临的主要问题　// 156

三、中苏职业教育合作可持续发展的政策建议　// 158

**参考文献**　// 172

第一章

# 中苏职业教育合作的背景

# 一、苏丹经济社会发展概述

苏丹位于非洲东北部，红海西岸的尼罗河上游，北与埃及为邻，西与利比亚、乍得、中非接壤，南部邻国为南苏丹，东部与埃塞俄比亚、厄立特里亚为邻，是非洲具有鲜明特色的国家，兼具非洲国家、阿拉伯国家、伊斯兰国家三重属性，首都是喀土穆。苏丹东北濒临红海，与沙特阿拉伯隔海相望，特殊的地理位置使苏丹成为连接中东、北非阿拉伯国家与南部、西部非洲国家的纽带。

苏丹境内四周高、中间低，东北面有红海山脉，西部有穆尔山区，南部为努巴山区，其位于北纬9度和北回归线之间，全境受太阳直射，是世界上最热的国家之一。苏丹国土广袤，南北东西气温差异很大，全国可分为2个气候区：南部为雨季炎热多雨、旱季温暖干燥的热带草原气候区；北部则是高温少雨的热带沙漠气候区，气候干燥，多风沙。苏丹最热时的气温可达50℃，全国年平均气温21℃，长年干旱，年平均降雨量不足100毫米。其首都喀土穆有"世界火炉"之称，年平均气温在30℃以上，4—7月为最热的时节，日间气温一般在40℃左右，酷热时气温可达50℃，地表温度最高可达70℃。但在个别高海拔地区，寒冷之时，气温亦可低到0℃左右。尼罗河谷纵贯苏丹南北，青、白尼罗河流经苏丹在喀土穆交汇，然后蜿蜒北上流入埃及。

苏丹历史悠久，早在4000年前就有原始部落居住。公元前2800年至公元前1000年，苏丹为古埃及的一部分。公元前750年，努比亚人在苏丹建立了库施王国。6世纪，苏丹进入基督教时期。13世纪，阿拉伯人征服苏丹，伊斯兰教得以迅速传播。15世纪，苏丹出现了芬吉和富尔等伊斯兰王国。16世纪，苏丹被并入奥斯曼土耳其帝国势力范围。19世纪70年代，英国开始向苏丹扩张。1881年，苏丹宗教领袖穆罕默德·艾哈迈德领导群众展开了反英斗争，并于1885年建立了马赫迪王国。1899年，苏丹成为英国和埃及的共管国。1953年，苏丹建立自治政府。1956年1月1日，苏丹宣布独立，成立共和国。1969年5月25日，尼迈里发动军事政变，推翻了当时的伊斯梅尔·阿扎里政府，改国名为苏丹民主共和国。1985年4月6日，达哈卜发动军事政变，推翻了尼迈里政权，改国名为苏丹共和国。1986年4月，苏丹举行大选，萨迪克·马赫迪出任总理。1989年6月30日，巴希尔发动军事政变，成立救国革命指挥委员会（简称"革指会"）。1993年10月，革指会解散，巴希尔改任总统，并在1996年3月和2000年12月的总统大选中连任。

1996年3月，苏丹举行首次总统和议会选举，巴希尔当选总统，原全国伊斯兰阵线领导人图拉比当选议长。1998年6月，苏丹颁布新宪法，明确规定言论、结社自由和政治协商等原则，承认宗教平等、信仰自由，确立了独立、开放和不干涉别国内政的外交政策。

2004年后，苏丹政府奉行全国和解政策，积极寻求与北方反对派和解与对话、与南方反政府武装和谈。在美国和东非政府间发展组织（伊加特）的直接参与下，苏丹政府与南方反政府武装苏丹人民解放运动（SPLM）的和平谈判取得积极进展，双方于2005年1月9日在内罗毕签署《全面和平协议》。至此，长达22年之久的苏丹内战宣告结束。自2005年7月9日起，苏丹进入为期6年的过渡期，过渡期内由北南双方联合执政，巴希尔继续任总统，SPLM主席加朗就任苏丹第一副总统（加朗于7月31日坠机身亡，其副手基尔继任）。2005年9月，民族团结政府成立。2005年10月，南方成立以

SPLM 为主的自治政府，基尔任主席。2010 年 4 月，苏丹举行全国大选，巴希尔和南方自治政府主席基尔分别连任。

2011 年 1 月，苏丹南方就是否独立的问题举行公投。7 月 9 日，南苏丹共和国独立建国，苏丹即予承认。2011 年以来，由于受西亚北非地区局势持续动荡、南苏丹独立等影响，苏丹政局受到一定冲击。

2015 年 4 月，苏丹举行大选，巴希尔以 94.05% 的得票率成功连任，第四次连任总统。2016 年 3 月、8 月，苏丹政府及国内主要反对派和武装组织先后签署非洲联盟提出的旨在实现国内和平稳定的"路线图"协议。4 月，达尔富尔地区顺利举行行政地位公投，保持达尔富尔地区现有 5 个州的行政划分。2018 年 12 月，苏丹持续爆发大规模示威游行。2019 年 2 月，巴希尔总统宣布进入国家紧急状态。4 月，苏丹军方解除巴希尔的总统职务，成立军事过渡委员会接管政权。7 月，苏丹军方同反对派"自由与变革力量"就联合开展政治过渡及有关权力分配达成共识。8 月，苏丹成立过渡期最高权力机构主权委员会，原军事过渡委员会主席布尔汉任主席。9 月，苏丹过渡政府成立。2020 年 10 月，苏丹过渡政府同主要反对派武装联盟"苏丹革命阵线"在南苏丹首都朱巴正式签署全面和平协议。

2021 年 10 月 25 日，苏丹军方扣押过渡政府总理哈姆杜克等反对派官员，解散政治过渡权力机构。10 月 27 日，哈姆杜克获释。11 月 1 日，军方宣布成立新主权委员会，布尔汉继续担任主席。11 月 21 日，布尔汉同哈姆杜克签署政治协议，恢复了哈姆杜克总理职务，并由哈姆杜克组建技术官僚政府。2022 年 1 月 2 日，哈姆杜克组阁未果，宣布辞职。1 月 20 日，布尔汉任命外交部部长等 15 名部长，总理及部分部长职位暂时空缺。4 月，联合国、非洲联盟、伊加特成立三方机制，推动苏丹国内对话。5 月 29 日，布尔汉宣布苏丹全境解除国家紧急状态。6 月 8 日，苏丹军方同有关政党在三方机制下开展直接对话。①

"楚怡"职教开展与苏丹的合作，时值巴希尔执政时期。巴希尔政府1989年执政后，先后实施了《挽救经济三年计划》（1990—1992年）、《十年全面发展战略计划》（1993—2002年）等一系列改革措施。但是由于国内南北矛盾不断、战乱连绵，国际货币基金组织于1993年8月停止了苏丹的会员国投票权，把苏丹列为无力偿债和不宜提供贷款的国家。为加快经济复苏的步伐，巴希尔政府于1993年和1996年分别发布新经济法规，一方面减少政府对经济的干预，实行市场经济，鼓励外国投资，发展农业，促进出口；另一方面大力推进私有化进程，按照国际货币基金组织的要求，实行财经紧缩政策，严格控制公共开支，限制依赖银行借贷开支比例，减少货币发行量，重点扶持优先发展的战略项目，从而使苏丹的经济颓势得到有效抑制，经济状况总体趋于稳定。1998年和1999年，苏丹政府均按期偿还了国际货币基金组织贷款，受到该组织好评，并于2000年恢复其会员国投票权。

苏丹经济结构较为单一，主要以农牧业为主，工业基础薄弱，基础设施匮乏，对自然环境及外援依赖性较强。矿产资源是苏丹的经济支柱。1999年，苏丹已成为石油出口国，2010年，苏丹生产原油约1.6亿桶，石油炼化能力超过500万吨。南北分裂后，苏丹石油产量锐减，金、银、铬、铁等资源作为石油替代品引起高度重视，政府制订了一系列引资措施。2016年，苏丹的黄金产量达93吨。

苏丹工业基础薄弱且发展缓慢，主要工业门类有制糖、制革、纺织、食品加工、制麻、烟草和水泥等。

苏丹统计局数据显示，1993—2011年，苏丹的平均失业率为14.6%，南北分裂后，苏丹经济下滑，失业率不断攀升，据国际货币基金组织测算，

---

① 上述关于苏丹历史的内容参考：中华人民共和国外交部.苏丹国家概况[EB/OL].（2022.7.10）http://new.fmprc.gov.cn/web/gjhdq_676201/gj_676203/fz_677316/1206_678526/1206x0_678528

2012—2015年，苏丹的失业率分别为14.8%、15.2%、19.8%、21.6%。2016年，苏丹的失业率小幅降至20.6%。

受石油出口的拉动，2003—2008年，苏丹的外贸进出口额一直保持着强劲的增长势头。受国际金融危机及石油价格大幅回落等因素影响，2009年苏丹的进出口贸易总额同比下降了21.7%，结束了外贸多年来持续增长的势头。2011年南北苏丹分裂后，大部分石油资源划分给南苏丹，导致苏丹石油收入锐减，贸易总额再度下滑。据苏丹中央银行统计，2014年苏丹的进出口贸易总额为135.62亿美元，同比下降7.8%；2015年苏丹的进出口贸易额为26.78亿美元（进口95.1亿美元，出口31.7亿美元），同比下降6.5%。[①]

一直以来，中国是苏丹重要的贸易伙伴之一，2003—2011年中苏双边贸易额达到596亿美元。受到南北苏丹分裂的影响，2012年苏丹与中国的贸易额为18.42亿美元，同比下降了72.2%。据苏丹中央银行统计，2015年苏丹前五大贸易伙伴分别为中国、阿联酋、沙特阿拉伯、埃及、印度，其中与中国的贸易额为28.99亿美元，中国成为苏丹最大的贸易伙伴。

20世纪90年代末，借助石油带来的财富，苏丹经济逐渐复苏并进入了发展的黄金期。21世纪的前十年，苏丹经济保持了强劲的增长势头，国内生产总值（GDP）增速连续多年保持在8%以上，多年位居北非六国之首，综合国力显著提升，人民生活水平得到极大改善，取得了令世人瞩目的成就。2007年苏丹的经济增长率为11.2%，成为非洲撒哈拉国家中最吸引外国投资者的三个国家之一。2008年苏丹的年经济增长率跃居阿拉伯国家第8位，并且在世界经济排行榜中升至第64位。然而，2011年7月南苏丹独立后，苏丹的石油资源损失大半，外汇收入锐减，苏丹经济遭受重大打击，经济增长率明显下降。2012年，苏丹政府为应对经济危机，采取紧缩调控政策，对国

---

① 王睦谊."一带一路"倡议背景下中国对苏丹直接投资的风险研究[D].北京外国语大学,2016.

内税收政策实施改革，上调税率以增加财政收入。为促进经济发展，苏丹不断致力于经济和体制改革，更加注重农业、矿业的发展，视农业为"永恒的石油"，把发展以农业为基础的非石油经济定位为国家发展战略，并出台了一系列促农、惠农举措，积极吸引农业投资。

目前，苏丹经济仍面临着很多问题和挑战，例如，财政收入锐减、出口创汇能力下降、高通胀、贸易逆差、外债攀升等。2014—2020年，苏丹的经济增长率整体处于下滑状态，2018—2020年，苏丹更是连续三年经济负增长。2021年9月，苏丹的通货膨胀率高达360%，导致失业率和贫困率上升等社会问题，继而引发全国性的抗议活动。苏丹教育发展在这种经济状况下困难重重，教育经费不足成为制约高等教育发展的核心因素。根据世界银行发布的数据，2020年苏丹仅将GDP的2.2%用于教育，这一数据远低于所在地区的平均水平（4.0%）及相同收入阶层的平均水平（3.6%）。

据统计，2021年苏丹的人口数量约为4 491万。苏丹主要使用阿拉伯语，还通用英语，局部地区使用努比亚语、富尔语等。苏丹是多种族交汇的地区，主要人种包括阿拉伯人、贝贾人、富尔人、努比亚人等，其中阿拉伯人占70%。在宗教信仰方面，苏丹85%以上的居民信奉伊斯兰教，多属逊尼派，主要居住在北方；南方居民多信奉原始部落宗教及拜物教；仅有5%的人信奉基督教，多居住在南方和首都喀土穆。苏丹人民热情好客，为人直爽、善良。

在教育水平方面，1988年6月，苏丹教育部决定取消中等和高等教育免费的规定，小学仍为免费教育。1989年起，苏丹实施"高等教育革命"，旨在增加高等院校数量，提升高等教育入学率。苏丹各地区教育发展很不均衡，北方教育发展较快。苏丹的小学和中学为免费教育，全国共有中小学校13 000余所。苏丹全国共有36所公立大学、17所私立大学，在校大学生约有25万人，教师约有13万人。喀土穆大学建于1902年，是苏丹最早建立的高等学府。恩图曼伊斯兰大学建于1912年。

苏丹劳动力资源虽然丰富，但受教育水平的限制，劳动力水平普遍较低，主要以普通劳动力为主，缺乏专业技术人员。此外，苏丹科技水平较低，转化为生产力的能力较弱。

## 二、中苏双边关系发展

中国与苏丹的经贸交往历史悠久，早在宋代，来自中国的商船与瓷器就已是苏丹港经济繁荣的重要支柱。中华人民共和国成立后，中国也一直与苏丹保持着较为良好的关系。

苏丹是与中国外交关系较为密切的发展中国家，自建交以来，中国和苏丹一直保持着良好的关系。1959年，中国与苏丹正式建交。1959—1969年是苏丹与中国交往的最初十年，其中最重要的事件即易卜拉欣·阿布德领导的苏丹政府承认中华人民共和国。当时，在西方敌对势力对中国虎视眈眈的国际背景下，苏丹力排英国的影响，与中国建交。20世纪五六十年代，两国在一系列国际事务中实现协调与合作，在许多国际问题上达成共识。例如，在召开第二次亚非会议及排除非亚洲国家苏联参与该会的事务上，苏丹明确支持中方将苏联排除在外的观点，两国还共同支持亚非及阿拉伯的解放运动。

苏丹独立伊始，为了表示中国对苏丹及广大非洲国家民族解放运动的支持，中方向苏方提供了一批援助项目，有喀土穆友谊厅等。中方还为苏方兴建了医院，并派出医疗队为苏丹民众看病送药。此外，中方还帮助苏方种植水稻、培训杂技学员等。中国驻苏丹前大使李成文曾指出，当时苏丹还没有石油产业，中苏双方的合作项目都是出于友好目的。也正因为如此，中国与苏丹的合作只保持在一个相对较低的水平上：1997年，两国的贸易总额仅为1.3亿美元。1997年，中苏两国以石油项目合作为龙头，开启了双方经贸合作的新阶段。

苏丹中央银行的统计资料显示，1970—1989年，中国共给苏丹提供了总额约为8930万美元的援助。这一时期，贷款尤其是无息贷款是中国对苏丹的主要援助形式，援助资金的用途主要集中于交通、工厂等基础设施建设，双方领导人的密切交往直接推动了中国对苏丹的援助。1989年，巴希尔政府执政后，中国与苏丹的关系有了较大发展。1992年起，中国国内经济体制开始从计划经济体制向社会主义市场经济体制转变。提出了"充分利用国内外两种资源和两个市场"，政府大力支持企业"走出去"，能源企业成为重点实施企业。与此同时，苏丹国内政局也发生转变，在巴希尔统治期间，苏丹开始寻求经济稳定发展，内政外交逐渐趋于常态化。中国与苏丹以经济合作为契机，不断深化双边经贸合作与政治往来。

中苏两国外交部于1997年建立定期政治磋商机制。多年来，两国高层互访频繁。巴希尔总统于1990年11月、1995年9月两次访华，2006年11月出席中非论坛北京峰会。2008年，中国政府达尔富尔问题特别代表刘贵今大使两次访问苏丹，中国政府特使、时任外交部部长助理翟隽访问朱巴，并与时任南方自治政府副主席米夏尔共同主持了中国驻朱巴总领事馆开馆仪式。2008年6月，苏丹副总统塔哈访华，胡锦涛、习近平分别予以会见、会谈，双方就加强经贸、农业等领域的互利友好合作签署了多项协议。2011年6月，巴希尔总统对中国成功进行了国事访问，这是巴希尔第四次访华。2011年8月，时任外交部部长杨洁篪访问苏丹，2012年1月，时任中共中央政治局委员李源潮同志访问苏丹。2012年2月，苏丹外交部部长访华，4月，苏丹全国大会党对外关系部部长访华。2013年，共有3名中国副部级以上官员访问苏丹，苏丹财政部、石油部、农业部等多位部长和央行行长访华。2014年3月，苏丹国民议会议长应邀对中国进行了正式访问。2015年1月11—12日，外交部部长王毅访苏丹，出席"支持伊加特南苏丹和平进程专门磋商"。1月28日，第三届中国—苏丹执政党高层对话在北京召开，时任中国国家副主席李源潮和时任苏丹全国大会党副主席、总统助理甘杜尔共同主持。6月，习近平主席特使陈吉宁赴苏丹出席巴希尔总统连任就职仪式，并会见巴希尔总统。9月，巴希尔总统赴中国出席中国人民抗日战争暨世界反法西斯战争胜利70周年纪念活动，习近平主席会见巴希尔总统，并共同签署了《中华人民共和国和苏丹共和国关于建立战略伙伴关系的联合声明》。10月，苏丹总统助理、全国大会党副主席易卜拉欣赴华出席亚洲政党丝绸之路专题会议。2016年7月，时任苏丹总统助理、发展对金砖国家关系委员会副主席贾兹访华并出席中非合作论坛约翰内斯堡峰会成果落实协调人会议。9月，时任农业部部长韩长赋访问苏丹并主持召开中苏农业执行委员会第三次会议。10月，时任苏丹外交部部长甘杜尔访华。11月，第十二届全国政协副主席王家瑞访问苏丹并主持召开第四届中苏执政党高层对话。

　　经济交往是中苏多领域合作的基础，而石油贸易是中苏经济往来的核心，也是中国对苏丹进行援助的先发领域。1995年，中国石油天然气集团有限公司在政府的支持下，开始对苏丹进行经济援助，并推进两国经贸合作伙伴关系。1996年，苏丹邀请中国企业进行能源合作，中方为苏丹提供了资金和技术支持。1997年，中苏两国合作成立苏丹国际石油财团的控股公司。1999年是苏丹的"石油年"，苏丹正式加入了石油出口国的行列。20世纪90年代至21世纪初，在中国的帮助下，苏丹建立了完善的现代化石油工业体系。石油产业的发展不仅使苏丹从能源短缺国转变为能源出口国，还促进了苏丹工业的全面发展，石油的开采和出口带动了运输业和制造业的发展。本国经济的全面发展为苏丹创造了更多的就业机会，并开始吸引其他国家的直接投资。截至2008年底，中国在苏丹的投资已累计达150亿美元，帮助苏丹建立了一条完整的石油工业产业链，而苏丹也成为中国重要的石油进口来源国，保证了中国的能源供应。在加强石油贸易往来的同时，中国还对苏丹的基础设施建设进行了大量援助，中国援建苏丹的麦洛维大坝缓解了苏丹北方的电力供应问题，被誉为"苏丹的三峡工程"。中国在苏丹的投资领域还涉及矿业、水电工程、道路、码头、桥梁、通信、农业等方面。在苏丹投资的中国企业不仅有中石油、中国港湾、中国铁建、中国电力、中国水电、上海电气、中兴、中国重汽等大型国有企业和华为等优秀的民营企业，还有活跃在餐饮、饮用水、旅馆、农场、制鞋等各行各业的民营小企业。

2011年以来，苏丹政治发生了深刻变化，南苏丹宣布独立，中国与苏丹的外交关系也面临转变。2011年6月，时任国家领导人胡锦涛、吴邦国等接见苏丹总统巴希尔，中苏双方均表示要继续保持和发展两国的友好合作关系。中国继续保持了对苏丹的援助：2012年，中国与苏丹签署经济技术合作协定，向苏丹提供了一笔无偿援助，并为达尔富尔地区打井30眼；2014年12月，中苏两国签署了《中华人民共和国和苏丹共和国政府经济技术合作协定》。

苏丹的分裂使中国与苏丹的石油合作由原来的双边关系，转化为分裂后的地区性的三边关系，给中国在苏丹的石油投资带来严峻考验。2012年以前，苏丹是中国重要的石油进口来源国，2011年中国从苏丹进口原油1 298.93万吨，中国对苏丹原油的进口依存度为5.1%，苏丹是中国第七大原油供应国，在非洲的重要性仅次于安哥拉。然而，进入2012年，中国的石油进口却因南北苏丹爆发石油战争而遭受巨大损失。2012年4月，中国停止从苏丹和南苏丹进口石油。

由于南北苏丹分裂，苏丹石油收益骤减，苏丹政府积极调整本国企业并吸引外国投资发展农业及矿业资源，相继出台多项鼓励在农业、矿产业和服务业等领域投资的政策法规，以保持国内经济稳定。近年来中国对苏丹农业和矿业的投资不断加大，合作不断深化。苏丹主要开发的矿产有金、铬铁矿等。在苏丹从事黄金开采的中资企业主要有保利集团投资的中非开发投资公司、中非华勘投资公司、金桥矿业有限公司等。继1999年颁布《鼓励投资法》后，2013年，巴希尔政府根据2005年苏丹共和国临时国民宪法，颁布了《2013国家投资鼓励法》，通过税务的减免，如"农业零税收"等措施吸引投资者，鼓励外国投资者在相关领域进行投资。《2013国家投资鼓励法》从行政、税收和法律等不同的方面和角度为外国投资者提供了更大的投资保障和投资吸引力。2013年，苏丹投资部部长穆斯塔法·奥斯曼·伊斯梅尔访华期间表示：与周边国家的高农业税相比，在苏丹进行农业投资具有很大吸引力。此外，工业和服务业较低的税率也为市场占有率很高的中国投资者带来更多利润。未来在苏中资企业或许将在石油领域以外寻求到更广阔的投资空间。

中国的对外投资随着改革开放的深入而不断发展，在"引进来"与"走出去"政策的指引下，中国的经济与技术突飞猛进，一大批企业走出国门，在国际市场竞争中不断发展壮大。2003—2015年，中国对外直接投资流量实现连续12年增长，2002—2014年年均增速达到37.5%。进入21世纪，随着政治形势的好转，非洲经济进入了一个相对稳定的发展阶段，因其资源丰富、市场广阔，成为全球投资的热点地区。2015年3月，国务院授权国家发展改革委、商务部、外交部联合发布的《推动共建丝绸之路经济带和21世纪海上丝绸之路的愿景与行动》中，明确将非洲作为"一带一路"倡议的实施区域之一，并得到非洲诸国的积极响应。在"一带一路"倡议的推动下，我国与非洲的合作还将不断深化。

# 三、苏丹职业教育发展概述

在历经独立初期、尼迈里时期及巴希尔时期的不断发展之后，苏丹逐步构建了较为完整的职业教育系统。但是，受制于政治、经济、社会、文化等因素共同作用累积形成的影响，苏丹职业教育面临着发展滞后、整体水平低、过度依赖外援等问题，技术技能人才与经济社会发展需求之间存在巨大的供需差。自20世纪七八十年代开始，中国在各个领域向苏丹提供了重要援助，其中包括职业教育与技术培训方面的援助。21世纪以来，中国与苏丹在职业教育方面立足既有经验，积极探索双边职业教育合作新路径。

## （一）苏丹职业教育的发展历程

### 1. 职业教育的萌芽阶段

苏丹独立前，对技术工作者和熟练劳动力的培养教育仅限于中等职业教育阶段，全国仅有4所技术学校，约469名学生。1956年苏丹独立时，囿于贫困和落后的社会经济发展现实，教育经费短缺、教师数量不足及人口的迅速增长严重制约了苏丹教育的发展。而相比普通教育，职业教育则陷入更为被动和不利的局面。在外国技术人员、工程师与殖民者共同撤离后，苏丹政府开始重视开办职业学校和师范学院。1957年，苏丹首个职业培训中心在喀土穆成立。1964年，由德国援助的职业学校苏德职业培训中心建立。

### 2. 职业教育的形成阶段

据1969年劳动力市场调查，苏丹的劳动力数量估计为总人口的6.1%，参与率为52%。面对劳动力短缺问题，1969年上台的尼迈里政府提出了一个宏大的整顿计划，通过出台政策和加大经费投入支持各种层次的职业技术教育，如1970年发布《教育和平宣言》，将职业教育年限由三年延长为四年；1977年发布《苏丹教育：行动评估与战略》，进一步规划未来15年的教育发展；1978年，尼迈里宣布每年将预算的36%用于教育投入。

20世纪70年代末，苏丹国民教育体系基本建立，传统教育体制得到初步改造，职业教育内置于中等和高等教育阶段的格局已经形成，如开办中等教育阶段的四年制商业和农业技术学校及四年制小学师资师范学校；开办高等教育阶段的高等职业学院、初中师资师范学院和高中师资师范学院等，学制一般为4—5年。此外，尼迈里执政时期，苏丹的大学教育开始扩张，其中理工学院和高等职业学院对苏丹的职业技术教育作出了最大贡献。

### 3. 职业教育的发展阶段

巴希尔执政时期，对职业教育的重视程度有所提升，但改革成效并不明显，这主要有以下三个原因：第一，受南方内战与达尔富尔问题的影响，加之入学前须服兵役的政策，学生入学率大幅降低，生源数量锐减；第二，2005年初，苏丹北方政府和南方武装力量签署《全面和平协议》，南北开始实行两套平行教育体制，对苏丹整个国民教育体系的发展造成复杂的影响；第三，《教育规划法》规定普通教育的首要目标是"巩固青少年的宗教道德和信仰，了解宗教的教义和遗产"，政府对以阿拉伯语和英语为教育用语的自然科学和人文科学领域的教育投入较少，而苏丹职业教育的经费主要来源于中央政府预算，缺乏这一预算，因此只能转向依赖外国援助。

得益于部分国家的援助，苏丹职业技术培训开始稳步发展和不断扩大。德国在苏丹曾建立三个培训中心，两处位于首都喀土穆，另一处位于苏丹港，而中国、韩国、日本和土耳其也为苏丹创建和发展职业培训提供了大力支持。此外，国际劳工组织、联合国开发计划署、联合国工业发展组织、日本国际合作署等国际组织和机构也向苏丹提供职业培训支援，从而使苏丹职业培训中心的数量（南苏丹独立后）有所增长。①

## （二）苏丹职业教育发展存在的问题

### 1. 社会经济环境的制约

苏丹职业教育发展是在一定的社会经济环境中进行的，并受其影响和制约。第一，安全环境与社会环境复杂动荡。因宗教、种族、经济及资源方面的差异，苏丹南北长期存在着分歧与冲突，内战长达40年，在分裂环境中，教育难以取得较大发展。第二，经济发展步履维艰。纵观苏丹发展史，苏丹独立以来的经济问题及其引发的社会政治危机多次上演，每一届政府都继承了前一届政府遗留下来的支离破碎的经济难题。时至当下，通货膨胀、失业率过高、财政赤字、巨额贸易逆差、债务增加等一系列困扰经济发展的问题愈加严峻。第三，以美国为主的外部势力干预。为实现美苏之间具有附加条件的"合作"，美国介入苏丹内部冲突，催化苏丹南北分裂；施加域外经济和贸易制裁，遏制苏丹对外经济关系；一度将苏丹列入"支恐国家"（支持恐怖主义国家）名单，限制其从外债减免和国际援助中受益。对于苏丹职业教育发展而言，其不利影响在于相应的制裁内容限制了苏丹的开放，无法与世界其他国家进行更多的技术交流与教育合作。

---

① 古萍,郭晓莹.论苏丹职业教育的发展困境——兼论中国的职业教育援苏项目[J].安徽电子信息职业技术学院学报,2020,19(4):97-100.

## 2. 政府战略的忽视和资源支持的缺失

苏丹各届政府在职业教育发展方面存在投入不足、贯彻乏力和验收反馈缺失三个方面的问题。首先，苏丹政府因其有限的财政能力，以及对劳动力市场前景缺少发展规划和战略眼光，因此忽视了职业培训领域的投入。其次，苏丹政府对于职业教育发展没有明确的政策法律体系支撑和实施战略，仅仅停留在口号上。再次，前期调研不够，未曾考察和研究各州在经济能力、基础设施及运营技术人才等方面的现实困难，无法将职业教育作为优先事项发展。最后，统筹协调工作不到位，政府部门、技术教育机构和产出受益者之间缺乏密切联系，技术教育部门剥夺了劳动力市场对课程开发的所有实物支持。事实上，苏丹现有的大多数职业培训中心皆出于一些国家的捐赠和支援。受援的职业学校综合条件较好，但援助是否持续取决于两国政治关系的发展走向，援助中断亦有史实为证。

## 3. 承担主体的协调组织能力不足及社会认可度不高

组织方面，首先，苏丹政府将职业教育下放到各州之后，各州对职业学校的性质和要求、技术和物质需求的状况知之甚少，对其发展和运作形成很大阻碍；其次，各州为实现政治利益而开设更多的普通学校，导致了与学历教育相比，职业学校发展缓慢；再次，中等教育中的职业教育与高等教育中的职业教育之间缺乏联结与协调的合作机制；最后，教育规划者在制定职业教育政策时缺乏准确的统计数据，职业教育录取政策缺乏清晰的愿景，导致在基础教育阶段采取最低限制的录取方式。社会层面，苏丹民众对职业教育毕业生的轻视和对技术体力劳动的蔑视，使得学生不愿接受职业教育。忽视职业教育的重要性，将其视为二等教育，认为职业教育无法实现子女和父母的梦想与期待，这也是职业教育发展缓慢的主要原因之一。

## （三）苏丹职业教育的发展状况

苏丹职业教育由劳工部和州政府两级办学和管理。2017 年，劳工部职业培训最高委员会下辖职业学校 5 所，各州政府共有职业学校 19 所。通过对劳工部职业培训最高委员会所辖 5 所职业学校的调研，发现苏丹职业教育存在以下共性和特点。

### 1. 整体办学规模较小、办学层次较低

劳工部职业培训最高委员会所辖 5 所职业学校，正式名称为中心（Center），习惯称学校（School），分别是恩图曼友谊职业培训中心（以下简称"恩图曼学校"）、苏韩职业培训中心（以下简称"苏韩学校"）、苏德职业培训中心（以下简称"苏德学校"）、喀土穆第三职业培训中心（以下简称"第三学校"）、喀土穆巴赫里职业培训中心（以下简称"巴赫里学校"）。该 5 所职业学校的招生由劳工部职业培训最高委员会统一下达年度招生指标，实行计划控制，招生人数、收费标准都需按规定执行。学制统一为三年，招生人数每年最多 500 人，最少 200 人，整体办学规模较小（详见表 1-1）。招生来源主要是经过八年学习（苏丹小学、初中实行八年一贯制）的学生，层次相当于我国的中专，没有大专及以上的职业教育，办学层次较低。

表 1-1　劳工部职业培训最高委员会所辖 5 所职业学校 2017 年招生人数

| 学校<br>规模 | 恩图曼学校 | 苏韩学校 | 苏德学校 | 第三学校 | 巴赫里学校 |
|---|---|---|---|---|---|
| 招生人数（人） | 400 | 200 | 500 | 250 | 250 |
| 在校生数（人） | 1 200 | 600 | 1 500 | 750 | 750 |

## 2. 校容校貌参差不齐，差别较大

该 5 所职业学校，校容校貌最好的是恩图曼学校，校舍最新，规划较好，道路硬化，其他学校的校舍较陈旧，校内都是泥土道路。苏韩学校 1996 年建校，校舍从未翻新过，布局较合理，校园功能较齐全，体育场地都已建设好；苏德学校 1964 年建校，是在一个展览馆的基础上建设的，是这几所学校中面积最大的，校园功能齐全，校舍也从未翻新过；第三学校建于 1994 年，巴赫里学校建于 2003 年，两所学校校园面积小，校舍异常简陋。

## 3. 所开设专业与苏丹传统产业结合度较高，前瞻性不够

该 5 所职业学校所开设的专业主要与制造业相关，同质性强，与当地的传统产业结合度较高。这些学校中，开设专业最多的是 11 个，最少的是 6 个（详见表 1-2）。但是，这些学校基本上在建校以来没有新增专业，不能跟上产业升级变化，专业开设的前瞻性不够。而后，恩图曼学校在中方的协助下，新增计算机应用及维修、数控机床两个专业，为苏丹信息化发展及数控技术应用储备相应人才。

表 1-2　劳工部职业培训最高委员会所辖 5 所职业学校专业开设情况

| 学校<br>专业 | 恩图曼学校 | 苏韩学校 | 苏德学校 | 第三学校 | 巴赫里学校 |
|---|---|---|---|---|---|
| 建筑专业 | √ |  | √ |  |  |
| 水道专业 | √ |  | √ |  |  |
| 测绘专业 |  |  | √ |  |  |
| 柴油车维修 | √ | √ | √ | √ | √ |
| 汽油车维修 | √ | √ | √ | √ | √ |

续表

| 专业 \ 学校 | 恩图曼学校 | 苏韩学校 | 苏德学校 | 第三学校 | 巴赫里学校 |
|---|---|---|---|---|---|
| 汽车电路 | √ | √ | √ | √ | √ |
| 机床专业 | √ |  |  | √ | √ |
| 机械维修 | √ |  |  |  |  |
| 电焊专业 | √ |  | √ | √ | √ |
| 电子电工 | √ | √ | √ | √ |  |
| 妇女发展 | √ | √ |  |  |  |
| 家具制造 |  |  | √ |  |  |
| 铝合金门窗 |  |  | √ |  |  |
| 空调制冷 |  |  | √ |  |  |
| 计算机应用 |  | √ |  |  |  |

说明：此表数据出自湖南外贸职业学院与恩图曼学校合作前的调研。√表示已开设专业。

## 4. 教学仪器设备新旧不一，部分仪器设备已不能正常运转

该5所职业学校的教学仪器设备配备情况差距较大，新旧不一。恩图曼学校的教学仪器设备是2015年配置的，除个别专业未配置全外，教学仪器设备现代化程度最高，高端、大气、全面，可以说是"高大全"。苏韩学校的教学仪器设备是2009年配置的，实用性强，设计合理，汽车维修专业的设备既有模型也有实物——整车。苏德学校部分专业的教学仪器设备已经老旧，部分专业的教学仪器设备是2010年新配置的，比较实用，与产业的发展结合比较密切。第三学校、巴赫里学校的教学仪器设备已经相当老旧，很多已经不能正常运转，恩图曼学校原有的教学仪器设备主要转入了这两所学校。

**5. 教学模式注重教学做一体，德国的"学徒制"模式对其影响深远**

该 5 所职业学校的教学模式都效仿德国的"学徒制"模式，注重实操，专业教学就在实训车间进行，教学做一体。该 5 所职业学校前两年的学习在学校进行，第三年进入工厂实习，有师傅专门指导，每周回校一天，进行理论指导。德国的"学徒制"模式对苏丹职业教育影响大，这和德国 1964 年就开始与苏德学校合作有关。苏德学校是苏丹第一所职业学校。

苏丹职业教育的发展还不能适应经济社会发展对技能型人才的需求，主要体现在以下几个方面。一是招生人数少。苏丹首都有 600 多万人口，5 所职业学校每年招生人数仅为 1 600 人，在招生期间恩图曼学校每天被报名人员挤得水泄不通，报名人数是招生人数的 3—4 倍，还有人报不上名。苏丹职业学校的招生人数、在校生规模与经济社会发展不匹配。二是专业受限。由于苏丹政府财政困难，对职业教育的投入有限，5 所职业学校近十年几乎没有开设过新专业，所设专业基本是与传统产业相关的，对新经济、新产业无法提供人才支撑。三是层次低。只有中等层次的职业教育，没有高等职业教育，不能为经济社会发展提供高层次技能型人才。

第二章

# 中苏职业教育合作项目概述

# 一、苏丹职业教育发展在中国政府援助下的现实需求

## （一）职业教育基础薄弱，学校设备设施陈旧落后

苏丹职业教育在整个教育体系中占比寥寥，基础薄弱，教育水平不高，管理手段和方法陈旧落后，使得苏丹面临严重的技术技能人才匮乏问题。职业教育在苏丹的发展举步维艰，这使得加快加强中苏在职业教育方面的合作显得尤为重要。1989 年，中国向苏丹的培训学校提供校舍及设备的资助，合作建设了恩图曼学校。恩图曼学校是苏丹劳工部职业培训最高委员会所辖的 5 所职业学校之一，该学校是苏丹最重要的职业培训中心之一，使用至今。2012—2015 年，中国政府再次对该学校进行了大规模提质改造和扩建。经中国政府的两期投入，学校环境和设备设施得到全面提升，在硬件设施上初步具备了较现代化的职业学校雏形。但受到基础教育薄弱、职业教育氛围缺乏、资金不足等多种因素的影响，苏丹的现代职业教育基础一直处于薄弱状态。

## （二）专业师资力量不强，知识技能素质普遍低下

由于苏丹在学校管理、教学管理和师资队伍建设等诸多方面满足不了现代化职业教育要求，且自有师资力量不足，恩图曼学校难以独立运行学校的现代化教学培训及设备维护更新，绝大多数设备设施基本不会使用，没能有效发挥中方大量投入的作用，需要相应专业的专家持续指导。另外，教师是教育事业发展的基础，是提高教育教学质量的保障，而恩图曼学校没有优秀

的教师，就没法培养出优秀的学生，有再好的设备、再好的校园，一切都是徒劳，产生不了实质的效果。师资流失严重，对恩图曼学校的可持续发展带来严重问题，急需中方有针对性地加强苏方教师培训，解决教师流失的问题。此外，苏丹人口增长迅速且经济发展潜力大，特别是青年人口规模庞大。尽管苏丹拥有巨大的人口红利，但是其教育水平普遍不高，知识水平和技能素质偏低，缺乏技术技能型劳动者，对职业教育有巨大需求。湖南职业教育深耕苏丹面临着重大的机遇和挑战，传承"楚怡"职教精神，扩大"楚怡"职教品牌国际影响力，是湖南职教界当仁不让的责任和义务。

2016年4月，中共中央办公厅、国务院办公厅印发《关于做好新时期教育对外开放工作的若干意见》，2016年7月，教育部下发了《推进共建"一带一路"教育行动》，这为我国教育"走出去"，构建教育命运共同体，服务国家"一带一路"倡议提供了方向和指南。随着我国"一带一路"倡议的实施，为推动区域教育大开放、大交流、大融合提供了大契机。基于此，我国政府立项"中苏职业教育合作恩图曼友谊职业培训中心职业教育合作项目"，旨在通过对该校教师及管理人员的培训和指导，帮助其建立较现代化的职业教育管理运营体系，建成苏丹乃至非洲知名的职业教育学校。

## 二、"楚怡"职教理念的形成、特征及其发展

### （一）"楚怡"职教理念的形成

"楚怡"起源于湖湘学派赓续千年的传道济民的湖湘文化传统和"经世致用、敢为人先"的湖湘文化精神。清末民初，湖南社会经济的发展对专门人

才的需求日益旺盛，湖南近代工业的发展呼唤职业教育，"楚怡"职教应运而生。"楚怡"职教最早可追溯到湘籍教育家陈润霖创办的楚怡工业学校。

鸦片战争后国门被打开，在中西文化的交互中，以培养专门人才为目的的实业教育渐渐兴起。1842年，湖南人魏源响亮地喊出"师夷长技以制夷"口号，点燃了民众"以技报国"的雄心壮志。随后湖南的实业教育也开始起步。1866年，时任闽浙总督的湖南人左宗棠在兴建马尾造船厂的同时，创办了求是堂艺局，成为近代中国职业教育的起点。1902年，湖南农务工艺学堂建成，这标志着湖南成规模的近代职业教育正式拉开帷幕。同年，陈润霖作为湖南省第一批公派留学生赴日本学习。1905年，陈润霖从日本留学回国，以兴办教育为己任，立即投身基础教育实践。1906年，陈润霖先生创办楚怡小学，并提出"教育救国"的理念。然而，当时迫切需要一条救国图强的新道路，只有大力发展实业教育，快速培养国家急需的实业人才，才能真正完成"工业救国"的宏愿。1909年，陈润霖筹办楚怡初等工业学堂（后改名为"楚怡工业学校"，以下简称"楚工"），这在当时的中国教育界独树一帜，比北洋政府确立职业教育名称早了13年。陈润霖与他创办的楚工，堪称中国职业教育的一代先驱。陈润霖从提出"教育救国"到"实业报国"，创办楚工、楚怡中学、楚怡小学、楚怡幼稚园，形成了楚怡"三校一园"的完整体制。

"楚怡"者，"惟楚有材，怡然乐育"之谓。深受湖湘"经世致用"学风浸润的陈润霖和他创办的楚工，直击"实业报国"的时代需求，坚持"教授高等学术，养成专门人才"的办学宗旨，确立职业学校是"实施生产教育之场所"，以"培养青年生活知识和技能"为办学目标。陈润霖认为，国家兴衰系于生产力的发展，工业发展必须依靠完善的工业教育和正确的生产政策，学习必须与实践并重。因此，他旗帜鲜明地提出"为干而学，在干中学"的教学理念和"爱国、求知、创业、兴工"的办学精神，创办了时代真正需要的职业教育。

辛亥革命成功后，曾经让传统小农经济占据绝对命脉的中国，近现代工业进入了快速发展期,"教育救国"和"实业报国"成为愈来愈响亮的口号。1912年,陈润霖扩大办学规模。楚工非常重视教师的选聘,陈润霖明确提出,"宜聘任有实际经验者",认为其授课时不仅能传授知识,更要能加入经验之谈,"则学生自感兴趣"。因此,楚工的教师一般都毕业于国内外高等院校,还有业界知名的工程师、专家、从事对口科目的教师,汇集了谢觉哉、周凤九、吴伟常、丁壮猷、匡互生、成希文等专业教授、工程师,还有李百葵、张煦秋、邓涤邦、洪幼村等基础课名师。

陈润霖和他的楚工引领了近代湖南职业教育的蓬勃发展。1912年,湖南已有初、中等实业学校74所,占全国职业教育的17%,在校学生4 817人,占全国的15%,这远远高于同年湖南省普通中学29所、在校学生4 478人的数量。湖南学务司特颁《湖南暂定学制大纲》,实业教育被明确列入规范,湖南近代职业教育体系渐趋完备。

1924年,军阀混战,全国陷入战火之中。伴随着中国近代工业化的标志物——汉阳铁厂的正式停产,中国在前一历史阶段的重工业布局逐步走向失败,中国第一次职业教育建设大潮开始进入低谷。1925年,全国职业学校尚有1 006所,到了1928年,全国职业学校仅存157所。当时,民众的普遍认知是"饭都吃不饱,还上什么学",而有能力承担孩子教育的家庭,又抱着"学而优则仕"的老观念。有些学校所谓的"新式教育",不顾国情和实际需求,照搬西方教学模式,学生毕业后找不到对口的工作。实业教育,甚至被时人讥讽为"失业教育"。面对举国上下的时代之问,陈润霖义无反顾逆流而上,顶住全国职业教育退潮的压力,将测量专修科改为土木科,围绕中国近代工业发展的实际,不断调整办学方向。为了改变中国的落后面貌,变农业国为工业国,楚工大力培养工业方面的人才。

1938年,日本侵华的战火逼近湖南,长沙"文夕大火",将陈润霖创办的楚工、楚怡中学、楚怡小学、楚怡幼稚园的房屋建筑全部烧毁。国破家亡之际，陈润霖依然不肯就此放弃，雇来民船数十艘，将学校图书、仪器、机器设备及教职工行李紧急装船，全数西迁新化。初到新化时，条件极为艰苦。1939年，楚工新化白沙洲校舍及工场落成，规模最盛时，有学生近500人。楚工开辟了各科专门教室和实习工场，实行校园实习和社会实践相结合的实习制度，再统一组织学生前往生产车间，依据学生的学习进度和自身能力，参观了解或参与劳动，以此掌握真本领。

历史川流不息，精神代代相传。1946年，楚工几经辗转，从新化迁回长沙。1949年10月1日，中华人民共和国成立。一年后，楚工正式改制，由"私"转"公"，更名为湖南省立楚怡高级工业学校。至此，楚工已经累计培养了3 000余名经世济用之才，奔赴各行各业，成为建设新中国的蓬勃力量。新中国成立后，楚工的办学得到了延续和发展。1951年，在长沙复校5年的湖南省立楚怡高级工业学校，与多所职业学校调整合并，成立湖南工业学校。1952年，湖南工业学校进行改革重组，其机械、矿冶、土木三科，在后来分别发展融入华中科技大学、中南大学、武汉理工大学。1961年，湖南工业学校组建成为湖南机械工业学校。1999年，该校与其他学校合并，升格为湖南工业职业技术学院。

在战火纷飞、国家危亡的年代，楚工以"学以致用"的初心，贡献着"爱国救国"的力量。"国家兴亡、匹夫有责"，楚工重视培养学生的爱国主义精神，激励学生为救亡磨砺自身，始终坚持以"实业救国"为己任，以教育诠爱国之情，以技能践报效之志。"楚怡"几经变故却始终屹立不倒，陈润霖和他的楚工发祥于时代的召唤、勃兴于国家的进步、砥砺于民族的复兴，因时而生、乘势而上，最终在历史大潮中找到自己的价值坐标，树立起一座"爱国、求知、创业、兴工"的精神丰碑。

## （二）"楚怡"职教的特征

**1. "楚怡"职教的办学思想**

（1）奋发图强、报效国家的爱国精神。

对于职业人才来说，爱国是他们从事职业建设的基本前提。因为只有爱国，才能够对国家怀有崇高的敬意，对人民怀有深厚的感情，对事业怀有无比的热爱，也才能够在树立人生总目标、进行个人职业规划时获得正确的方向。

任楚工校长的37年中，陈润霖高度重视爱国主义思想教育，积极带领师生参加反对帝国主义和军阀压迫的革命活动，他自己更是历经曲折依然不改办学初衷。1938年战乱，长沙校园在"文夕大火"中化为灰烬，楚工全体师生从长沙迁往新化。新化校区历时一年初步建成。抗战胜利后，百废待兴，陈润霖不顾年迈体衰，筹划将学校从新化迁回长沙，途中不幸殁于舟次。回顾陈润霖筚路蓝缕的办校历程，变更的是办学地点，不变的是时刻以挽救民族危亡为念的爱国情怀。楚工以"教育救国"为办学思想，旨在培养具备工业知识和技能的人才，挽救国家于危难之中。通过开设"修身课"、开展"军事训练"等途径，注重培养学生心系民族危亡的爱国情操，引导学生加强自身修养，立下鸿鹄之志，锤炼品德修为。

在新时代，要将"楚怡"职教精神融入到专业群人才培养品质提升的过程中，应该首先引导人才形成爱国精神，才能够确保其在工作中始终将国家的利益、人民的利益摆在首要位置，也才能够促进人才培养品质得到进一步的提升，以便于促使人才能够更好地服务于祖国。

（2）经世致用、躬行实践的求知精神。

学海无涯，对于任何人来说，学习都是一件没有止境的事情。作为一名合格的人才，要拥有丰富的知识和技能体系，才有可能为国家的基础建设事业而服务。在"楚怡"职教精神的引导下，培养专业人才的关键还在于要培养人才求知的品质，以便于其在成长与发展的过程中能够永远保持一颗求知的心，在前进的道路上永远保持一颗终身学习的心，这样才能够为新时代的祖国建设事业作贡献。

陈润霖结合当时中国的国情，从工业救国、教育救国出发，吸取外国的先进教育经验和科学技术，为己所用。楚工的教育理念，延续了楚怡小学和楚怡中学的办学理念，"为干而学，在干中学"是其最为核心的教学理念。如果说楚怡中学和楚怡小学实行"从干中学，从学中干"的理念，"干"还践行得不充分的话，那么在楚工的教学中，"干"便是一个最突出、最鲜明的特色了。陈润霖认为学工业不能只在书本上学、在教室里学，要特别注重实践与应用。他主张工业教育要为生产建设服务，与生产实际结合，要把课堂讲授的知识应用到生产实践中去。学了不能用，等于白学。办学期间，陈润霖主张"躬行实践"，在人才培养的过程中，楚工注重德育和实训，要求学生学以致用。为了配合教学改革计划的实施，楚工竭力增加教学设备，开辟了各科专门教室和实习工场，让学生走出教室，走向工厂、矿山，在实践中培养学生掌握知识、解决问题的能力。楚工学子在学校求的"知"，学的"识"，不是八股文章、空虚之理，而是求真务实、学以致用的科学态度和学习理念。楚工教授的不仅是书本知识、专业技能，更大力倡导经世致用、利国为民的价值取向。楚工师生为民族振兴铺就的每一条公路，走过的每一段路程，都以另一个角度彰显了"楚怡"职教经世致用、躬行实践的求知精神。

（3）艰苦奋斗、玉汝于成的创业精神。

创新与创业是当今时代的主题，也是职业人才在成长与发展的过程中应该积极具备的美好品质之一。实践证明，有了创业的品质，人才才会在工作中更加仔细与认真，也才能够达到高效的目标；有了创业的品质，人才才能够逐渐具备创新的品质，也才能够更加有效地为专业的发展而作出贡献。在"楚怡"职教精神中，创业是其主要内涵之一。

1902年，湖南乡绅汤聘珍等设立湖南农务工艺学堂，开湖南正规实业教育之先河。楚工继往开来，志于革新，新建西式教学楼，分设机械、矿冶、土木三科，并设有实习场地，走出了湖南工业教育的第一步。国破家亡之际，全体师生几经辗转，始终坚守"精勤诚朴"的校训，在一片片新土地上艰苦奋斗，一次次实现了创业、发展和超越。职业教育在教育改革创新和经济社会发展中处于突出位置，肩负培养多样化人才、传承技术技能、促进就业创业的重要职责。教育部原党组书记、部长陈宝生在2020年职业教育活动周全国启动仪式上强调，要使职业教育成为经济活动的内生变量，成为构成产业链、产品链、供应链、资金链、信息链的"砖瓦"和基本要素，走好长远发展之路。广大职业院校师生要心怀创新创业意识，在民族复兴的伟大时代实现更高的人生价值。

因此，在新时代，要将"楚怡"职教精神运用于专业群人才培养品质提升的过程中，就应该培养人才的创业品质，这样才能够让人才在成长与发展的过程中更加积极地面对当前的工作，并在眼下的工作岗位上不但能够做好自己应做的事情，还能够为长远计，主动为祖国事业的发展献言献策。

（4）振兴实业、强国富民的兴工精神。

工业是我国的第二大产业，从目前国家发展的基本情况来看，工业对国家和民族发展至关重要，因此，培养人才、积极发展工业便是当前我国职业教育的关键之所在。"楚怡"职教精神要求兴工必须以国家和民族发展的基本条件为前提，因此，在职业教育的发展过程中，培养人才就需要将兴工作为其中的主要内容。

楚工创办之初，国弱民贫，实业亟待振兴。在提倡"教育救国"的同时，陈润霖还将目光投向了工业救国的领域，将办学的愿景往更远处延伸。随着办学规模日渐壮大，师资力量益发雄厚，楚工为国家培养了大批工业人才，也为湖南近代机械工业发展和路桥建设打下了一定的基础。

**2."楚怡"职教的办学特色**

（1）注重实习课和名师指导，在实践中培养学生的动手能力。

陈润霖主张既要有理论知识，特别是基础专业知识，又要有娴熟的操作能力，强调在教学中培养身心健康的人才。第一，楚工的教学计划特别加强了实习课、实验课、测量课和制图课，这些课程的课时数在整个教学时数中占的比例相当大，故楚工毕业生业务精通，动手能力相当强。第二，楚工的各科教学实验设备和机械工场设备特别完善。例如，土木科的测量仪器，除一般的平板仪、水准仪外，还购置了三台进口的精密经纬测量仪器；机械科的实习工场规模相当大、设备相当好，各种机床，如车床、刨床、钻床、插床、冲压床等，有二十多台，附带还有木模车间，有多个熟练工人师傅，指导学生实习操作，工场同时可容纳三四十人实习，即人人有实习的机会；矿冶科的分析化验室有精密天秤多架，做分析试验的各种化学器具和化学药品、各种矿石标本，一应俱全。第三，楚工的教师才学渊博，经验丰富，教学认真。楚工的教师中有不少留学生，如周凤九留法，钟伯谦留美，吴伟常、成希文、丁壮猷、黄正学、黄汉江等人留日；有的是大学教授，如钟伯谦、萧鉴秋等人是湖南师范大学的教授；还有些人是工程师，如周凤九是湖南公路局局长兼总工程师，罗石坞是湖南黑铅炼厂总工程师，陈耐松、唐汉三、王瀚心等人都是有名的工程师。楚工师资力量之雄厚，省立高工、六职等校都难以企及。

（2）顺应社会需要设置专业和学制，让学生充分服务社会。

第一，机械科的专业设置涵盖了当时民生工业的各个方面。楚工最早创办的是金工科。陈润霖认定"欲讲求各种工艺学科，必先研究机械工学"，所以首先从创办机械专业入手。1910年，楚工创办金工科，辛亥革命后正式更名为机械科。楚工毕业生出于爱国情怀,毕业后加盟第一纱厂,成为纱厂的技术骨干。楚工毕业生不但在技术上成为骨干,而且在反对盗卖的斗争中始终走在最前列,从而加深了楚工与民族工业的关系。第二,矿冶科的设立紧贴社会需要。1949 年以前,开办矿冶专业的只有少数几所大学,楚工是唯一开办矿冶科的高级技校,楚工矿冶成为湖南矿冶人才的培训基地之一,毕业生成为湖南几处大矿的技术骨干,同时也是反对盗卖矿产主权的前哨卫士。矿冶科毕业生为发展湖南民族工业、维护民族利益,起到了重要作用。第三,土木科的设立解决了公路建设的人才瓶颈。土木科于 1928 年春成立后,至 1938 年抗日战争初期,十年之中有 7 个班的毕业生,共计 168 人,这些毕业生成为湖南省公路工程界一支新生的、巨大的,也是不可缺少的技术骨干队伍。

(3)重视学生思想、体育等教育,注重人才的全面发展。

第一,重视学生思想,培养学生的情怀与素养。陈润霖非常重视学生的思想教育,以进步理念教育学生树立为祖国勤奋学习的思想,树雄心、立大志,为国为民,做有道德、有骨气的人。陈润霖早年亲自讲授修身学,以反帝反封建、振兴中华等思想教育学生,鼓励学生立大志、学本领,列举古往今来许多模范人物的优秀事迹,教育学生效法前人。陈润霖非常佩服谭嗣同,在学校中传播谭嗣同反君主专制思想和视死如归的精神。全校性的大集会,是陈润霖亲自对学生进行思想政治教育的好机会,每当陈润霖讲话时,全场鸦雀无声,讲完后,学生报以热烈的掌声。师生称赞说:"听老校长一席话,胜读十年书。"陈润霖要求教师对学生进行思想政治教育,除了爱国主义教育外,还要求教师进行精神文明教育,要求教师以身作则教会学生做人的道理,进行品德教育、礼貌教育、纪律教育和劳动教育等。社会上公认:楚怡的学生很讲文明、有礼貌、守纪律、爱劳动、讲卫生。

第二,重视体育,让学生有强健的体魄。陈润霖提倡体育运动。楚工的露天体育场设备非常完善，有大小篮球场，同时可作排球场、网球场和小足球场；有沙池、单杠、跳高架、秋千、浪桥、爬竿、翘板、跷梯；篮球、排球、足球、网球等，每种球同时有十几个，供上课和课外活动用。楚工主要是利用课余时间开展体育活动。从五四运动开始，楚工规定每天体育活动不得少于 40 分钟，而实际体育锻炼时间往往超过学校规定。

## （三）"楚怡"职教的发展

楚工自诞生之日起，一直紧紧围绕湖南近代工业发展办学，为近代湖南经济社会发展贡献了重要的力量。时代在变，追求不变，作为湖南职教的精神富矿，百年"楚怡"继续引领着湖南职教人在发展中创新。

培养经世致用之才，为时养器，是职业教育的使命和担当。随着我国工业及各产业的全面转型升级，我国经济由高速度发展向高质量发展转型，技术技能型人才将成为我国劳动力的主力军，时代需要一大批能工巧匠、大国工匠。湖南是职业教育大省，党的十八大以来，湖南职业教育的办学规模、内涵建设、教师能力、人才培养等核心指标跻身全国"第一方阵"。近年来，湖南省委、省政府大力推进职业教育现代化改革，为经济社会发展培养了大批职教人才，为落实"三高四新"战略定位和使命任务奠定了良好基础。一是办学规模逐步扩大。全省现有职业院校 569 所（不含技工院校），在校生 141.15 万人，教职工 8.17 万人，其中高职高专培养规模居全国第 5 位、中职学校培养规模居全国第 8 位。二是办学质量不断提升。湖南省"双高校"数量、职业教育重要赛事、国家教师教学创新团队、专业教学资源库、教学成果奖等多项核心办学指标在全国排名靠前，进入全国"第一方阵"。三是改革力度大幅加强。2019 年，湖南因职业教育改革成效明显，成为首批获国务院真抓实干督查激励的六个省份之一，同时向社会输送了毕业生近 400 万人，制造湘军、电视湘军、出版湘军等湘字号技能大军，声名鹊起，一大批集理想信念、道德情操、工匠精神、精湛技艺、创新本领、健康体魄于一身的"大国工匠"脱颖而出，成为建设现代化中国、现代化湖南的重要力量。

2020年1月，湖南省政府出台了《湖南省职业教育改革实施方案》。2020年3月，湖南省教育厅发布《2020年湖南职业教育与成人教育工作要点》，明确实施职业教育"楚怡"计划，支持1所高职院校、1所中职院校挂牌"楚怡"职业学校。2021年2月，教育部、湖南省人民政府共同发布了《关于整省推进职业教育现代化服务"三高四新"战略的意见》，提出要传承发扬"爱国、求知、创业、兴工"的"楚怡"职教精神，实施职业教育"楚怡行动计划"，打造一批"楚怡"品牌学校和品牌专业，培育一批"楚怡"名师和"楚怡"精神传承人，不断擦亮湖南职业教育高质量发展的底色。2021年4月，时任湖南省委书记许达哲先后两次召开省委常委会议，专题研究实施职业教育"楚怡行动计划"。2021年12月，全省职业教育大会在长沙召开，省委书记张庆伟，省委副书记、省长毛伟明，分别对职业教育工作作出批示。张庆伟指出，要以省部共建职业教育创新发展高地为契机，大力实施"楚怡行动计划"，为全面落实"三高四新"战略定位和使命任务、全面建设社会主义现代化新湖南提供有力人才支持和技能支撑。毛伟明同时指出，要加快完善现代职业教育体系，培养更多高素质技术技能人才、能工巧匠和大国工匠。

湖南职业教育传承发展"为干而学，在干中学"的理念，树立"德技并修、知行合一"的育人方向，在产教融合上闯出了一条特色之路。湖南正积极推行职业院校和企业联盟、与行业联合、同园区联结，对接人才链搭建协作对话平台、对接创新链搭建协同创新平台、对接价值链搭建协同发展平台，推动长株潭城市群成为国家产教融合型城市，建设省级职教集团64个，参与的规模企业达1 280余家，有10家集团已成功入选全国首批示范性职教集团，全省高职院校联合知名企业和科研院校共建省级协同创新中心30个、省级工程技术研究中心4个。而针对湖南省的传统产业和特色产业，还重点建设湘绣、湘瓷、湘菜、湘茶、湘旅等151个特色产业学院。为了突破行业企业科技创新领军人才引进难的瓶颈，湖南省实施芙蓉人才行动计划，鼓励支持将院士引进职业院校，目前已在高职院校中设立院士工作站8个。

2022年4月8日，湖南省教育厅、省发展和改革委员会、省财政厅、省人力资源和社会保障厅、省住房和城乡建设厅联合下发《关于实施职业教育"楚怡"行动的通知》（下称《通知》），旨在传承发扬"楚怡"职业教育精神。

在传承创新"楚怡"职业教育精神方面，湖南将建设"楚怡"职业教育专业智库，建设20个集传承"楚怡"职业教育精神、湖湘传统文化教育、职业启蒙教育、劳动实践教育等为一体的"楚怡"文化传承基地（"楚怡"职业教育文化馆），培育一批"楚怡"职业教育精神传承人。

在建设"楚怡"高水平学校方面，湖南将支持建设3所"楚怡"高水平职业本科学校；主要行业和各市州人民政府重点办好1所以上骨干高职高专院校，全省遴选建设10所"楚怡"高水平高职专科院校；各县（市、区）重点办好1所以上公办中等职业学校，全省遴选建设10所"楚怡"优秀中职学校；支持14个市（州）各改扩建1所"楚怡"中职学校，全省遴选建设5所"楚怡"优秀技工院校。

在建设"楚怡"高水平专业群方面，湖南将遴选建设10个特色凸显、在全省具有引领示范作用的"楚怡"高水平职业本科专业群，遴选建设100个特色鲜明、产业支撑能力强的"楚怡"高水平高职高专专业群，遴选建设100个特色突出、服务能力强的"楚怡"优质中职专业（群），遴选建设10个"楚怡"优质技工专业（群）。

在建设"楚怡"产教融合创新平台方面，湖南将支持建设80个集教育教学、职业培训和职业技能竞赛等于一体的"楚怡"产教融合实训基地，培育建设30个由政府、行业、企业、职业院校、科研院所和社会组织等多元主体融合参与的"楚怡"职教集团（联盟）。

在培育"楚怡"高水平教师队伍方面,湖南将培育并打造300名"楚怡"教学名师,培育400个"楚怡"教师教学创新团队,支持校企共建300个"楚怡"名师大师工作室,支持校企共建100个"楚怡"工坊。

建设"楚怡"高水平学校、高水平专业群、产教融合创新平台、高水平教师队伍,"楚怡"行动为湖南职业教育的发展指明了方向。面向"十四五",湖南职业教育不断深化改革,职业教育规模结构将更加合理、类型特色更加鲜明、发展环境更加优化。"楚怡"职业教育精神进一步彰显,"楚怡"职业教育品牌效应进一步凸显,职业院校的办学能力和贡献力进一步提升,职业教育的适应性和吸引力持续增强,努力建成与湖南经济社会发展相匹配、同人民群众期待相契合的湖南特色现代职业教育体系。

一代人有一代人的长征,一代人有一代人的使命。职教先驱陈润霖的身影虽已远去,百年"楚怡"之精神却在湖南职教人心中历久弥坚。职业教育已经进入前途广阔、大有可为的新阶段。进入新时代,"楚怡"作为湖南职业教育的独有名片,承担着在下一个百年征途中的历史责任。

## 三、"楚怡"职教与苏丹职教的深度合作

### (一)"楚怡"职教与苏丹职教合作的缘起

中苏关系源远流长,延续至今。在不同时期,双方交往的内容与侧重点有所不同,其中双边教育合作约开始于1962年的互派留学生。至20世纪七八十年代,中国在经济、技术、军事、文化、医疗等方面与苏丹合作,其

中包括职业教育和技术培训合作。1989年，中国向苏丹的培训学校提供了校舍及设备的资助，合作建设了恩图曼学校，该学校也成为苏丹最重要的职业学校，使用至今。

2016年，湖南外贸职业学院（以下简称"湘外院"）承办商务部援苏丹恩图曼友谊职业培训中心职业教育合作项目，是当时湖南省乃至全国承担的职业教育领域最大的对外职业教育合作项目。中苏双方采取"请进来"与"走出去"并重的方式开展职业教育合作和双向互派交流，境内培训和境外培训交替进行。根据中苏两国政府的换文规定，苏丹派出100余名职业教育官员和职业教育专业骨干教师来中国参与培训。在中国境内举办了5个师资培训班，分别为职业教育管理研修班、妇女发展专业教师培训班、机械加工及维修专业教师培训班、建筑类专业教师培训班和电工电子及计算机类专业教师培训班；中方派出由16名管理人员、教师、翻译组成的中苏职业教育合作项目师资团队赴苏方参与教学和管理，并对苏方人员进行现场培训，结合后期的持续跟踪指导、开展教育合作和双向师生互派交流等方式，提升苏方的各专业教学水平，增强各专业跟上设备技术进步的同步提升能力，巩固和进一步发展苏方现代职业教育运营和管理能力。

## （二）"楚怡"职教与苏丹职教合作的特色

### 1. 职业教育合作方案有特色

根据苏丹经济社会发展的实际情况，中方形成了具有与苏丹当地特点"契合度"较高的合作思路，打造了中国特色与苏丹国情相结合的"楚怡"职教方案，让恩图曼学校能够快速有效地学习掌握设备的使用。通过研讨，确定了职业教育合作的四点推进思路：一是合作内容围绕捐助设备展开；二是培训方式采取"传授必要理论、突出技术实践"的路径进行；三是教学方法采取课堂理论教学与现场设备使用演示的方式进行；四是合作形成相应的教学成果向苏方移交。通过实施示范工程，开展示范教学、示范管理，引入信息技术，帮助搭建信息化平台，指导建立教学实训、学生、行政等全流程现代管理系统，有力推进"楚怡"职教方案的实施。

### 2. 职业教育标准开发有特色

一是借鉴"楚怡"职教的发展经验，嵌入"楚怡"职教理念和"楚怡"职教精神，指导苏丹优化职教层次和结构、设计职教体系框架和运行机制。二是植入"楚怡"职教元素，开发既符合苏丹国情，又能引领当地职教发展的教学设施标准、师资建设标准、课程标准。三是中方职业教育专家团队与中国驻外机构、苏丹当地政府主管部门、合作单位、中资企业多方联动推动标准落地，按标准建立教学、实训体系，建设师资队伍，实施课程教学。

### 3. 职业教育师资培养有特色

实施能力提升工程，打造师资培训基地，通过"请进来"与"走出去"相结合，引入"楚怡"教师建设标准，以"三送"培养"三能"，送苏方教师到先进制造业企业体验学习、送苏方教师到"双高"职业院校参观学习、送苏方教师到国际型企业交流学习，着力提高苏方教师教学能力、专业能力和社会服务能力。通过前期认真细致的调研和国内外培训，深入了解苏丹职业教育的现状、师资和专业水平等情况，开拓创新，构建具有符合苏丹国情与恩图曼学校实际的职业教育人才培养方案，使培养方案既能打基础，又能管长远，具有较强的可行性与针对性。

### 4. 技术技能人才培养有特色

一是营造多元文化育人环境。创建"崇尚技术，追求卓越"的校园文化氛围，在方案中融入"楚怡"职教精神和湖湘文化，融入到教育教学管理各个环节中。二是通过校企合作提升学生的职业能力。与扬子江重汽、中联重科、中车集团等中资企业深度合作，精准对接苏丹当地企业和中资企业人才需要。三是培养会汉语的技能人才。与孔子学院合作，开设汉语选修课，为"走出去"的中国企业量身打造"中国方案"。

## （三）"楚怡"职教与苏丹职教合作的重点、难点及解决路径

### 1. "楚怡"职教与苏丹职教合作的重点

（1）帮助苏方树立职业教育理念。

在中苏职业教育合作过程中，交流中苏职业教育的管理经验，借鉴中国职业教育管理的先进做法，紧密结合苏丹国情，推进现代"楚怡"职业教育管理方法和手段在恩图曼学校的应用，帮助苏方树立职业教育理念；通过恩图曼学校的辐射与带动作用，推进"楚怡"职教面向苏丹"走出去"，提高"楚怡"职教在苏丹的影响力，推动适合苏方自身发展并独具中国特色的"楚怡"职业教育管理理念落地生根。

（2）提升苏方学校管理能力。

一是拓展苏方人员视野，更新理念，帮助苏方建立较现代化的职业教育管理模式和运行机制。二是制定和完善切实可行的教学管理、学员管理、教师管理和运营的各项制度，进一步提升管理软实力。三是培养苏方现代职业教育管理和运营能力，使之具备独立的可持续发展能力。

（3）提升教师专业教学能力。

一是通过指导苏方教师熟练使用和维护新增的专业教学设备，提高教师专业能力。二是通过指导苏方教师熟练运用每个专业的教学设备开展专业教学，提高教师教学能力。三是通过帮助和指导苏方教师掌握专业论证、人才培养方案设计，以及教材编写、专业教学、实训指导、职业能力测试、就业

指导的方法和技能，提高教师全流程专业开发能力。

**2."楚怡"职教与苏丹职教合作的难点及解决路径**

（1）"楚怡"职教标准落地有难度。

一是中苏双方的历史文化、职业教育理念和教学模式差异大；二是语言沟通障碍大，苏丹的主要语言为阿拉伯语，而中方派出的师资团队基本没有接触过阿拉伯语。这些因素都是影响中苏职业教育合作的潜在障碍。针对以上难点，具体解决路径如下。第一，在苏方来华培训时开设《中国国情及改革开放》《职业教育教学方法》等公共课课程，安排文化体验和参观考察，让苏方全面了解我国的社会经济文化。第二，赴苏人员与苏方人员加强文化交流，让苏方人员进一步感受中方的友好和博大文化，加深两国人民的友谊。第三，加强对赴苏人员的培训和管理，尊重苏方的文化习俗、传统宗教信仰和生活习惯，促进双方的文化和感情融合。第四，在苏方来华培训课程中注重安排现代化职业教育理念、管理模式、教学方法等，安排进入国家级和省级示范职业院校考察交流，提升苏方人员的现代化职业教育理念。第五，在赴苏指导培训中，采用派出人员在苏方具体岗位（如副校长等）任职指导的方式，逐步参与苏方职业教育管理体制和模式改革。第六，合理配置赴苏人员各专业和岗位人数，共派出 4 名翻译人员；充分发挥翻译的作用，将派出人员分成 4 个指导组，每组配备 1 名翻译；在外派前对派出的专业人员进行简单的语言培训；在指导过程中加强语言的相互学习交流。

（2）"楚怡"职教方案实施有难度。

苏丹有发展本国职业教育的传统，既有做法根深蒂固，缺乏职业评价体系和职业教育质量管理体系。帮助苏丹建立现代职教体系，开发职教标准，推行"楚怡"职教方案的阻力不小。针对以上难点，解决路径如下。第一，在苏方来华培训课程中注重介绍中国已有的国家职业资格制度体系和职业教育质量管理体系，让苏方人员尝试参与职业资格考评考试工作。第二，中方人员赴苏指导期间与苏方共同合作，帮助苏方建立职业教育体系和职业教育质量管理评价体系。第三，帮助苏方建立职业教育标准。

（3）"楚怡"师资队伍建设有难度。

苏方教师及管理人员对现代先进仪器设备的维护使用专业基础差。针对以上难点，具体解决路径如下。第一，加强与苏方的沟通，在苏方人员培训之前，充分了解苏方的情况，有针对性地对最终实施方案进行磋商修改，与苏方共同制订最终来华培训计划和赴苏指导培训方案。第二，赴苏专家参与苏方来华对应培训班的培训教学和管理工作，增进了解，提高培训的针对性。第三，教学过程中注重选派有丰富实践操作和教学经验的教师，教学由浅至深，注重培训实效。第四，培训实施阶段加强互动交流，进行阶段性总结，根据实际需要调整教学计划。第五，通过教学沙龙等交流活动，中方职业教育专家团队与苏方来华培训人员建立一对一跟踪指导。第六，有针对性地编写符合苏方人员水平层次的培训教材和设备使用指南。第七，制作理论授课、实训指导视频资料并制成DVD，供苏方人员学习交流。

## （四）"楚怡"职教与苏丹职教合作实施单位介绍

湘外院承办的对外合作培训是全国知名品牌。同时作为湖南国际经贸职业教育集团的发起单位和核心成员，湘外院高水平的职业教育理论研究和实践经验为项目提供了基础。

**1. 拥有丰富全面的援外人力资源培训经验**

湘外院是除商务部国际商务官员研修学院以外最大的援外培训承办单位，是首批四个商务部国际商务官员研修基地之一。截至2019年，湘外院成功承办商务部下达的346期援外人力资源培训项目，共为"一带一路"沿线国家和地区及其他一些发展中国家培训近万人,涉及 124 个国家和地区;承办部长班 19 个,海外班 13 个。2021 年,商务部向湘外院下达 42 期援外人力资源(线上)培训项目。

湘外院已承办的援外培训项目涉及职业教育、商贸管理、能源、医疗卫生、文化传媒、工艺技术、机械、妇女发展、轻工刺绣、抽纱钩织、卫生、信息传输、软件和信息技术服务、建筑与土木工程等领域,各项目的承办工作得到学员的一致肯定,所有项目的学员整体满意度均高达 90% 以上。

**2. 具有高水平的援外管理队伍和管理能力**

湘外院在援外培训工作中积累了丰富的培训管理经验,打造了一支管理经验丰富的工作队伍,具有专业的培训组织实施和配套服务能力。项目工作团队作风严谨、工作态度好、工作效率高,得到了培训学员的高度肯定。

**3. 具有优良的培训硬件设施**

湘外院拥有包括同声传译设备在内的先进的教学和办公设备设施,国内培训部分将放在学院自有的、投资 1 多亿元建设、面积达 18 000 多平米、涉外四星级的"商务部国际商务官员研修(湖南)基地"培训大楼。

**4. 具有高水平、高质量的教学能力**

湘外院已建立了十大行业援外专业师资库,建立了 21 个人文景观基地和 33 个知名企业基地实践实训基地。

**5. 产业对接能力强**

湘外院在培训的同时,积极对接产业,搭建平台,推动和引导企业和相关机构"走出去"。例如,"发展中国家影视传媒与品牌运营研修班"中,来自越南国家电视台的学员 LeAnh 女士在接受湖南卫视专访时,详细阐述了越南国家电视台与湖南卫视的合作意向，并从湖南引进电视剧2部和动画片1部。又如，通过"2013年发展中国家新能源开发利用机制建设部长研讨班"，尼日利亚电力部与湖南新亚胜科技发展有限公司签订了框架合作协议。

### 6. 职业培训和教师岗位培训水平高

湘外院充分利用湖南省商务厅与全省各类企业紧密结合的关系，在原有主要培训全省商务系统内部干部职工的基础上，还与各类企业合作或受委托开办了一系列职业技能培训班和教师岗位培训班。学院每年开展培训班20期，开展过电工电子、焊工、电子商务、计算机应用、育婴师、家政服务、退伍士兵等培训班，得到了商务部、教育部、省人社厅、省商务厅等相关职能部门的肯定，多次被评为优秀培训单位。自2011年起，湘外院每年开展3期全国高等职业院校教师培训班；自2015年，承办教育部教师国培项目2个。

### 7. 省级政府部门直属专业培训机构和高等职业学院双平台优势

湘外院是湖南省商务厅直属事业单位，是省级政府部门直属专业培训机构。湖南省商务厅于2009年4月将培训中心归口湘外院管理，湖南省商务厅培训中心主任兼任湘外院副院长，这样就能全面利用学院在职业教育方面的各项资源，共同保证中苏职业教育合作项目的实施。

### 8. 湖南职业教育在国内处于领先地位，有很好的执行基础

湖南不仅在基础教育方面处于全国先进行列，在职业教育方面也独具一帜，无论是办学规模还是办学水平都位居全国前列。湖南职业教育在教育教学改革上取得了优秀成绩，教育部多次给予高度肯定。湖南不仅有大规模的职业教育体系，而且为社会、相关产业和部门输送了大量的合格人才。湖南既具有像湘外院、湖南交通职业技术学院这样的技术先进的专业学校，又有超过数万家规模不等、经营方式不同的生产企业，再加上湖南在职业教育领

域的全国影响力，吸引了全国行业中的专业人才来湖南工作，使湖南具备了扎实的行业基础、良好的师资力量、大量的科研教学和实践基地。中苏职业教育合作也得到了湖南当地其他职业学院的大力支持，共同为中苏职业教育合作项目的实施作出贡献。

第三章

# 中苏职业教育合作师资队伍建设

# 一、"楚怡"现代职业教育师资队伍建设概述

百年大计,教育为本。教育是事关国家发展和民族未来的千秋基业。职业教育是国民教育体系和人力资源开发的重要组成部分,是打造支撑中国制造、中国创造所需高水平人才队伍的主要渠道,其高质量发展对于提升中国人力资本质量、推动中国产业转型升级和创新发展具有重要意义。

教育大计,教师为本。"谁来教"是育人的根本问题。从某种意义上来讲,"谁来教"决定了"教什么""怎么教"的问题。教师作为教学活动的主体,是履行教育职责、培养人才最重要的践行者,是职业教育高质量发展的关键因素。习近平总书记在清华大学考察时指出,没有高水平的师资队伍,就很难培养出高水平的创新人才,也很难产生高水平的创新成果。同时也多次强调,要使教师成为"最受社会尊重的职业"。师资队伍是学校最关键的人力资源,直接关系到人才培养的质量。

## (一)"楚怡"现代职业教育师资队伍建设的意义

### 1. "中非命运共同体"视野下师资队伍国际化建设的必要性

构建人类命运共同体,是中国共产党人站在人类发展进步的新高度,为重构中国与世界关系而提出的重大战略思想。"中非命运共同体"是构建人类命运共同体的具体实践。在中非合作论坛上,习近平总书记特别强调,青年是中非关系的希望所在。在中非合作"八大行动"中,许多措施都着眼青年、培养青年、扶助青年。随着"中非命运共同体"理念的落实和"一带一路"倡

议的深化，发展高等职业教育已经成为包括中国在内的各国振兴经济、促进社会和谐进步的必然选择，并且进一步拓展了高等职业教育的发展空间，这就要求高等职业教育对培养目标、培养内容、培养方法进行调整和创新，以适应国际交往和发展的需要，培养出具有国际发展意识、国际交流能力及国际竞争力的高素质、高技能人才，为构建"中非命运共同体"提供人才保障。近年来，在国家层面出台了《国务院关于加快发展现代职业教育的决定》《现代职业教育体系建设规划（2014—2020年）》等一系列重要文件，明确提出要大力提升教育对外开放治理水平，完善教育对外开放布局，迎来了职业教育国际化的大好时机。在此背景下，推进职业教育国际化，其前提条件是既要有一支了解国际需求、具有国际视野、通晓国际规则的国际合作专门人才队伍，又要有一支具有国际化教育理念、深厚基础理论和高技能知识结构的师资队伍。

### 2."一带一路"倡议对国际化师资队伍建设的新要求

紧紧围绕"一带一路"倡议是职业教育国际化的核心任务之一，国际化师资队伍水平是"一带一路"背景下职业教育国际化发展的核心影响因素。

"一带一路"倡议的提出，为职业教育面向"一带一路"发展中国家特别是欠发达国家输出中国优质教育资源、输出中国标准、提升中国全球地位和话语权提供了历史机遇。国家也对职业教育面向"一带一路"的国际化发展提供了政策、资金支持和工作导向。在教育部高职院校"双高"建设名单里的高水平学校，全部开展了不同形式的国际化合作项目，其显著特点是体现了高职教育国际化逐步由单向的教育资源引进向着引进和输出并举发展的特征。教育输出主要是响应国家"一带一路"倡议，面向"一带一路"沿线国家和地区输出中国优质职业教育资源和育人体系，输出内容包括为"一带一路"沿线国家和地区制订人才培养标准、设计适用于"一带一路"沿线国家和地区的行业规范和标准、输出课程、输出教师、建立海外分校、招收国际学生等。高水平国际化师资队伍建设是高职院校"走出去"办学的前提。没有良好的师资队伍，难以保障"走出去"办学的竞争力和可持续发展。

国际化师资队伍建设是"双高"建设方案的核心和重点内容，这充分证明了国际化师资的重要性。而国际化师资是指具有国际化沟通能力、熟悉国际化惯例、精通外语和专业实用技术、能有效执行国际化合作项目教学培训任务的教师个体或师资团队，与中国职业教育服务"一带一路"、助力中国企业"走出去"的任务相适应。"一带一路"背景下国际化师资的一个显著特点是，具备国际化师资基本素质，可以将中国职教课程、标准、育人模式输出到"一带一路"沿线国家和地区。高职院校应充分发挥培养高素质技能人才的优势，抓住国际化发展的机遇，联合大型知名企业共同制订国际化发展中长期规划，采用"请进来"和"走出去"两种方式，为"一带一路"沿线国家和地区培养本土化、国际型高素质技术技能人才，为实现政治互信、经济融合、文化包容的利益共同体、命运共同体和责任共同体提供人才支撑。

## （二）国际化师资队伍建设存在的问题

对于国际化师资队伍建设，各高职院校由于发展基础不同、地域条件差异、经济环境有别、专业优势各具特色，难免存在差异。但面对"一带一路"背景下中国职业教育"走出去"的发展需求，国际化师资队伍建设的宏观标准是相通的，具有共性。当前高职教育国际化面对的现实是：国际化项目形式单一，大多处于初级或提升阶段，少部分高职院校处在从"引进来"向"走出去"的转型阶段。以"引进来"为主的院校合作办学的居多，双语教学任务重，国际学生教学难度大，从事国际合作项目和国际学生教育的教师显得力不从心。对于正在"走出去"的院校而言，发展趋势是以输出中国标准、传播中国文化为目标而进行海外办学，建设海外分校、孔子学院、"鲁班工坊"，但尚未形成体系和模式，可输出的资源有限，支撑力量不足，影响不大。表面原因主要是国际标准缺乏、国际化课程缺乏，而根本原因是人，即缺乏高水平的国际化师资队伍。师资数量和质量已经成为高职院校国际化发展的瓶颈。国际化师资队伍建设主要存在以下几个问题。

### 1. 人员缺乏，后备不足

大多数职业院校国际化交流及合作办学项目起步较晚。发展初期，承担国际化项目的团队成员主要是"海归"教师或英语基础较好的教师，而有针对性的国际化师资团体培训和以国际化师资队伍建设为目标的定制培训相对缺乏。虽然，随着国际化发展速度加快和规模扩展，职业院校都普遍加强了国际化师资队伍建设，但由于这项工作起步较晚，面对当下海外分校、孔子学院、"鲁班工坊"的建设项目发展，国际化师资队伍积累不够的问题凸显，胜任项目发展的人才缺乏，主要是缺乏具有跨文化交流能力、经过国际化专业培训或具有国际化项目执教经验、既精通技术工艺又可用英语或合作国家语言授课的专任教师。

### 2. 待遇偏低，队伍不稳

承担国际化教学和项目合作的教师，由于有双语的要求，且要满足中外两个标准的要求，面临着多重挑战。首先，国际化的课程设计大多是模块化形式，课程内容更新快，灵活性大，因此国际合作办学专业教师在执行国际合作办学教学任务时，课前课后的工作量相对较大。课前备课任务重，布置和批改作业时体现个性化，总体的工作量和承担的压力显著大于非国际办学项目课程的教师。其次，对于"走出去"的高职院校，"走出去"的是优质资源，是经过适应性改革的本土化课程、国际认可的标准，这些均需要高素质的国际化师资队伍来完成。真正胜任国际化任务的师资队伍必然是综合素质高、竞争力强的队伍，因此国际化师资队伍本身在待遇需求方面的期望值也较高。但现实情况是，许多高职院校国际化项目教师的课时和工资待遇与普通教学专业教师采取相同政策，或待遇差别不具激励性。待遇不到位造成国际化项目教师的积极性受到影响，队伍不稳定，优秀教师流失严重。

**3. 培训不足，质量不高**

国际化师资队伍总体水平不高，不能满足发展需求，究其原因，除了起点低、基础薄弱外，与我国加快国际化发展、对高水平国际化师资队伍需求旺盛有一定关系。2018年教育部公布的"经地方审批教育部备案的实施高等专科教育的中外合作办学项目"共224个，机构共17个，而20世纪末，高职院校的国际合作办学项目几乎为零。《2019中国高等职业教育质量年度报告》显示，高职院校在海外（主要在"一带一路"沿线国家和地区）建立了33个海外分校或"鲁班工坊"，而2010年前这个数字是零。由此可以看出，近年来的高职教育国际化发展突飞猛进。一些合作办学项目或国际化课程项目、培训项目、留学生项目等，由于师资紧张，因此会临时组建团队；又由于经费投入不足，对团队缺乏目标化、个性化、系列化培训，造成团队总体质量不高，提升不够，认证不足。

**4. 规划不明，机制不全**

越来越多的学校开始将国际化师资队伍建设任务作为单项任务纳入学校总体发展目标和五年规划，但在细节上不够完善，主要表现为：有国际化师资队伍建设的总体目标，但无具体指标，或有指标无措施。在制度体系建设方面的不足表现为：没有对应学校国际化师资队伍建设的制度体系，制度不够完善或缺乏可操作性的保障措施。其直接后果是国际化师资队伍建设的激励机制不健全，考评制度缺乏，长期性和连续性不足，影响师资队伍战斗力和项目发展后发动力。

中国职业教育开展对外合作，高素质的国际化师资队伍必不可少。完善激励约束机制，提高教师各项待遇，完善保障措施，优化人才资源配置，建立轮换制度，为国际化师资队伍建设营造良好的制度环境，显得尤为迫切。

## （三）国际化师资队伍建设的对策

尽管各高职院校国际化师资队伍的建设方式和特点各有不同，但面对的问题具有共性，师资队伍要着眼于解决现有问题，进行突破性、系统性的队伍建设。解决我国高职院校服务"一带一路"沿线国家所面临的国际化师资队伍建设这个关键问题，可以从以下几个方面着手。

### 1. 有的放矢，明确国际化师资能力标准

职业院校的国际化师资队伍建设与普通本科院校有明显的不同，而高职面向"一带一路"的师资队伍建设尤其具有针对性和特殊性。职业院校支撑"一带一路"项目的国际化教师，首先，要有实用技术和企业经验，能够指导学生获得岗位操作技能；其次，要了解"一带一路"沿线国家和地区的文化和行业规则及需求，尽可能与"走出去"的企业合作进行职业教育输出；再次，要有胜任教学的跨文化外语沟通能力；最后，要具备根据地域和企业实际需求设计和构建课程标准的能力。

（1）专业能力。

服务"一带一路"项目的教师，要精通专业理论知识和专业实践操作，熟悉"一带一路"国内外同行业、同专业发展水平和现实需求，胜任专业知识讲授工作，能指导学员掌握作业现场或生产运作的实际技能。教师的专业能力须与行业发展同步更新，与国内外技术进步、人才市场最新需求紧密契合。

（2）项目管理和课程开发能力。

面对高职国际化师资紧张的现实，服务"一带一路"国际化项目的教师必须精干高效，具备项目运作的综合能力。国际化项目的教师必须同时胜任国际化项目课程开发、专业教学和运作管理工作，具备综合执行力，特别是能

够因地制宜，具有根据国际人才市场育人需求和教学地区文化历史背景、经济环境、企业行业热点条件而设计、开发和改革课程的能力，能及时规划并掌控课程和专业的进度，适时调整项目内容偏差，不断补充完善项目专业标准和课程内容。

（3）外语和跨文化沟通协调能力。

外语是跨文化沟通交流与合作的重要工具，面向"一带一路"的国际化项目教师，不但要有国际化思维，而且要熟练掌握国际通用外语（英语或职业教育合作国家的语言），具备双语教学能力，熟悉国际规则、本专业国际发展趋势和地域文化差异，在传授专业技能的同时传播中国文化，讲好中国故事。

（4）国际化认知能力。

服务"一带一路"项目的教师，要对"一带一路"国际化职业教育合作的重要性具有清晰、准确的理解；对"一带一路"沿线国家和地区经济社会发展所急需的技术技能专业趋向具有前瞻力；对开展"一带一路"国际化职业教育合作具有高度的热情和钻研进取的精神，主动培养国际化能力，积极参与国际化项目。

**2. 多方引进和选拔人才，加强国际化师资储备**

总体来讲，高职教育国际化师资队伍由本土师资和外籍师资组成。在"一带一路"背景下，解决国际化师资队伍规模不够、人才青黄不接的问题，要从源头抓起。首先，在招聘新教师时要考虑国际化发展需求，针对学校在运行的国际化项目、即将开发项目和长远发展方向，有计划地考核新聘教师中国际化教师的数量，考虑相应的专业、国际化教育背景和国际化素质，招录一定数量的国际化储备教师。其次，要未雨绸缪，对非国际化团队的在职教师进行选拔储备。在时间、经费允许的条件下，选派基本条件好、对国际化有热情的专业教师和青年教师作为长期储备对象，通过安排阶段性国际化工作任务、交流活动，进行国际化相关培训，将他们培养为未来国际化师资团队的后备力量。同时，要安排国际化基础条件较好的教师进行跨专业协同，增强教师对多个国际化项目的通用性和国际化团队之间的互补性。这样可以提前有效储备，以满足日后"一带一路"国际化发展在数量和质量方面对师资的需求。此外，要适度发挥外籍教师的潜力，安排外籍教师参与"一带一路"国际化建设，将外籍教师作为面向"一带一路"的国际化师资的有效补充和储备资源。

**3. 完善和强化激励措施，稳定国际化师资队伍**

"制度是人才培养的先决条件，高职院校需要根据自身特点和办学理念，结合专业建设及发展状况，创设科学实用的国际化发展思路。"[①]因此，要构建"一带一路"国际化师资队伍建设的政策保障体系，从队伍编制、人员素质、工资待遇、个人发展等方面保障国际化师资队伍的人员甄选、队伍建设和稳定持续发展。

稳定国际化师资队伍，要在薪酬待遇上体现激励措施。给予国际化合作项目师资团队的核心骨干成员更多培训发展机会，对国际项目专任教师团队给予课时和薪酬补贴，体现国际化师资队伍的价值。目前在薪酬待遇上，部分学校采取了国际合作办学教师1.3—1.5的课时系数的政策，起到了一定的激励作用；还有学校将国际合作办学的部分收入返还给项目所在院系，对国际合作办学教师进行补偿。这是一种有效的措施，需要制度化、长期化推行。在突出贡献奖评选、职称晋升方面制订和完善与"一带一路"国际化发展、"一带一路"国际化项目相结合的有利于国际化师资队伍的激励措施，制定明确的考核评价标准，体现国际化师资队伍的贡献和认可度。对于外派在"一带一路"沿线国家和地区执行培训、教学和科研的教师，要充分保证其出差待遇，提供生活与工作保障，解决其后顾之忧。

---

① 钱坤.高职中青年教师国际化能力提升的研究和探索[J].科技风,2019(18):208.

**4. 以实际需求为导向，提高国际化师资培训质量**

以"一带一路"国际化职业教育合作项目的实际需求为导向，以工作目标为着力点，高效安排国际化师资培训，保证培训规模和质量。

（1）准确设计培训内容。

根据"一带一路"不同项目的特点来设计国际化师资培训内容，同时将通识培训和专业培训有机结合。一是通识培训应是长期性、周期性、无专业差别集约式的培训。通识培训应至少涵盖5个方面：国际礼仪培训、跨文化沟通技巧培训、课程开发能力培训、国际惯例培训、国际化教学方法培训。为确保中方教师团队顺利、安全地完成中苏职业教育合作项目任务，根据商务部文件精神和援外制度的相关规定，2016年湘外院组织了中方教师团队出国前培训班，对赴苏人员进行了爱国主义、外事纪律、安全保密、外事礼宾礼仪、文明守法等方面的行前培训。二是专业培训应是根据不同项目、不同专业岗位和不同企业人才需求的针对性培训，包括语言培训和实用技术技能培训。对于汉语师资培训项目，有针对性地进行对外汉语教学及相关文化才艺培训；对于承担"一带一路"企业技能人才培训任务的团队，除了进行技能实操能力提升培训外，还要进行企业调研培训，使其了解所在国及岗位受训人员的教育背景和基础能力，接受服务对象所在地文化礼仪培训；对于长期合作项目，选派核心骨干团队进行包括外语、授课技巧在内的国际化综合培训。

（2）灵活设计培训形式。

在时间周期上，考虑以长短期培训来完成师资培养。在培训形式上，按年龄段，根据师资紧缺状况、项目规模和急迫程度、学校条件及国家和地方外事政策，按需设计，区别对待。培训形式按是否脱产可分为脱产培训和在岗培训；按培训地点可分为国内培训和国外培训；按是否已上岗可分为岗前培训和在岗培训。在培养方向上，视被培养人的教育背景和所从事的任务而定，有针对性地进行专项培训。在培养规模上，分为团体培训和单个培训，增加有针对性的专业化小团队培训，减少综合性大团队培训，注重培训取证，注重专业教师的外语培训和外语教师的跨专业培训。根据培训的不同目标要求，可安排个人参组培训或专门组团培训。

（3）严格遴选培训对象。

在年龄上，优先选择年轻教师；在专业上，优先选择国际合作所需专业；在先后层次上，优先选择服务正在合作项目或即将上马项目的成员；在人员来源上，优先选派本校全日制中国教师、符合条件的全日制外籍教师、国际项目合作伙伴核心成员。同时注重后备团队培养，在时间、经费允许的条件下，选派基本条件好、对国际化有热情的其他教师。将专业教师和青年教师作为长期培训对象，将特定项目的教师作为重点培训对象。

（4）及时监测培训效果。

培训应该坚持以取证培训为主、非取证培训为辅的原则，加强培训结果监测评价。培训对象应及时提交培训总结，在一定范围内进行培训汇报、研讨，分享培训收获。及时安排已培训教师加入"一带一路"国际化项目工作，在工作中应用和检验培训成果，加快受训教师的成长速度。同时根据已接受培训教师的信息回馈和在实践中的建议，适时调整、选择培训机构，修订培训目标，改进培训课程安排。

### 5. 采取双团队措施，强化国际化师资队伍建设

师资团队国际化是实现教育国际化的根本保障。大力实施"走出去""引进来"工程，加大专家教师派出力度，引进外籍专家、学者和具有海外留学背景的教师，多措并举，扎实推进师资队伍国际化建设，建设国际合作团队，以推进国内外教师团队协同促进苏丹职业教育发展。"双师双能双语（专业知识+专业技术、教学能力+实践能力、汉语交流+外语交流）"的师资储备是"请进来""走出去"办学的前提条件。我国高职院校的师资普遍呈现出以下特点：专业课教师无法承担专业的双语授课，外语教师无法承担双语的专业

授课；教师缺乏对国际化背景和各国文化的了解和理解，难以适应留学生的教育教学工作。有鉴于此，中方派出的教师团队既要熟悉苏丹的历史文化，了解苏丹的国情民风，提升跨文化沟通意识和能力，尽可能减少因文化差异而引发的冲突；又要有能力向苏方传播中国的职业教育理念，讲好中国故事。另外，中方教师团队在标准开发、专业建设等方面要为现场团队提供支撑。

通过以上对策，为苏方建设一支专业实力雄厚、教学理念先进、双语能力强的高水平师资队伍，能树立中国职业教育品牌，展示中国职业教育优秀经验，体现中国职业教育"走出去"的高质量和高水平。

## 二、中苏职业教育合作师资队伍建设的主要途径

### （一）出台制度政策，保障苏丹师资队伍建设

苏丹师资队伍专业化建设，坚持以人为本理念、专业化理念、一体化理念。为了适应苏丹经济社会发展和产教融合的要求，中方教师团队根据苏丹劳工部职业培训最高委员会的要求，在广泛调研苏丹职业教育发展的基础上，参考中国职业教育的成就和特色，引入"楚怡"教师建设标准，帮助苏丹培训中心构建符合苏丹国情和具有苏丹特色的职业教育体系，推进苏丹职业教育与产业发展同步升级。制定了《苏丹职业教育体系建设规划（2018—2022年）》，其中就师资队伍建设进行了顶层设计，采取完善职教教师资格标准、推进职教教师培养制度建设、健全和落实职教教师继续教育制度、构建职教教师管理制度等策略，建立师资培养培训制度和职业教育师资准入制度，促

进苏丹恩图曼学校师资队伍专业结构、年龄结构合理调整，具体包括《专业带头人遴选与管理办法》《青年骨干教师培养对象遴选与培养管理办法》《教师培训管理办法》《新教师培训管理办法》《教师企业实践管理办法》《教师在职攻读学位管理办法》及《外聘教师管理办法》。

健全苏丹师资政策体系：一是加强专业建设，充分发挥专业带头人在专业建设和教学改革中的重要作用，培育和营造专业发展的良好机制，快速提升专业实力与水平，大力提高人才培养质量；二是促进优秀人才快速成长，培养、造就一批青年骨干教师；三是规范教师培训管理工作，进一步提高教师个人素质和教师队伍整体素质，推进学校各项工作顺利开展；四是使新教师尽快适应教学岗位，提高教学能力；五是做好教师企业实践工作，促进教师专业发展，提升教师实践教学水平；六是不断提高教师的学历层次和综合素质，规范教师在职攻读学士、硕士、博士学位管理工作。

### （二）打造两个基地，推进苏丹师资队伍建设

采取"请进来"与"走出去"相结合的方式开展中苏职业教育合作和双向互派交流，来华培训和境外培训交替进行，推进国内与国外两个培训基地并重发展。在中方职业教育专家团队的配合下，加大苏丹当地培训基地的建设，为当地职业教育师资培养提供便利，同时加大中国国内培训基地建设，为苏丹师资培训提供成熟模式。通过分批邀请苏方专业骨干教师和管理人员来华接受培训，选派中国职业教育专业教师及管理人员赴苏丹参与教学和管理并对苏方人员进行现场培训，结合后期的持续跟踪指导、教育合作和双向师生互派交流等方式，提升苏方教师的各专业教学水平，增强各专业跟上设备技术进步的同步提升能力，进一步巩固和发展苏方现代职业教育运营和管理能力。

## 1. 采取"请进来"方式，建设国内师资培训基地

2016年9月至11月，湘外院分批邀请苏丹职业教育领域专业骨干教师和管理人员共101人来华培训，分成职业教育管理研修班、妇女发展专业教师培训班、机械加工及维修专业教师培训班、建筑类专业教师培训班和电工电子及计算机类专业教师培训班5个班开展培训学习，并形成相应的教学成果，指导苏方可持续发展。其中职业教育管理研修班的培训时间为21天，其余4个专业教师培训班的培训时间为42天。

一是设置公共课《中国国情及改革开放研究》等课程，邀请相关专家为学员介绍中国国情。同时，为使学员全面了解中国的发展情况，每个培训班均安排赴省内外参观考察，了解我国职业教育的发展现状。二是选派理论教学对应专业的专家和实践操作水平高的专家，以现场指导与多媒体相结合的方式为学员授课。介绍我国刺绣、烘焙、陶瓷、机械加工及维修、建筑、电工电子及计算机等专业技术领域的历史、发展现状及发展模式等，与学员共享中国发展速度。三是选择与中国捐赠给苏丹的教学设备相同或相近的实训场地和实训基地，对学员进行实践教学。四是安排学员赴援苏设备设施的生产厂家和使用相同或类似设备的企业及场所参观考察，如沙坪湘绣城、长沙莱乐斯烘焙体验店、长沙罗莎食品公司、湖南机床厂、数控设备厂、湖南建工集团、长沙华自科技股份有限公司等企业。五是安排学员与具有相同或相近专业的职业院校师生进行交流座谈，让学员有更多的机会体验现代职业教育，如湖南外国语职业学院、湖南电气职业技术学院、长沙商贸旅游职业技术学院、湖南陶瓷技师学院和桃源职业中等专业学校等院校。六是每个培训班除了开设专业课程外，均开设了《世界职业教育发展趋势》《现代职业教育理念》《现当代职业教育比较》和《中国职业教育发展的现状和成就》等职业教育领域的公共必修课，邀请职业教育专家教授和高级技师与学员通过结对帮扶、座谈会、文学沙龙等方式，现场为学员释难解惑，帮助苏方管理人员

和教师树立先进的职业教育理念，学习中国先进的职业教育管理和教学经验，初步掌握较先进的职业教育教学方法和手段。七是为全面保证和检验培训效果，湘外院将根据苏丹学员的实际情况，采用理论考试与实操考核相结合的方式在研修班结束前进行考核，以巩固培训成果。八是组织学员参观中国名胜古迹、大型企业、先进职业教育基地，让学员领略中华民族悠久的历史文化，开拓视野，更新观念，学习先进的管理经验和制造技术。

通过举办培训班，让苏方人员了解了中国的国情和职业教育发展状况，体验了中华文化，初步掌握了较先进的职业教育教学方法和手段，以及教学新设备的操作和使用，初步具备运用援建场地、设备设施等教学条件开展较现代化的职业教育管理和专业教学的能力，回到苏丹后可以在中方专家团队的现场指导下逐步提升教学和管理水平，进一步提高运营和管理整个学校的能力。

**2. 采取"走出去"方式，建设国外师资培训基地**

按照专业匹配、经济合理的原则，根据苏方提出的要求，湘外院遴选了16名管理人员、专业教师和翻译人员，组成中方专家团队。团队成员在参加了苏方来华培训期间的教学和管理之后，赴苏丹进行为期两年的培训教学与运营管理指导工作，帮助苏方进行教学和运营管理。在现场调查了解的基础上，中方专家团队全体成员经过一周的集中研讨，确定了以培训工作为中心，培训方式采用合作实施"传授必要理论、突出技术实践"的路径，教学方法采取"课堂理论教学与现场设备使用演示"的方式，指导苏方培训中心的教师调试设备、投入使用、进行教学，开展技术合作工作。

中苏职业教育合作现场培训主要涵盖机械维修加工、汽车维修、数控车床、计算机、电子电工及妇女发展等专业。中方专家团队在认真了解了学校的基本情况及实训车间的设备情况和分析学情的基础上，根据苏丹的实际需要和当地条件，主要采取现场教学与自学相结合、多媒体教学与车间实训实操相结合的方式进行教学培训。培训课程将理论知识和实践知识相结合，安排实验活动激发学员学习兴趣，把每个知识点讲到位、讲清楚。在教学方法和教学手段方面，中方专家团队采用自由提问及时答疑、视频直观教学、直接阐明工艺工序等多种形式，充分利用现代教育技术、网络技术、仿真技术、视频教学等创新教学手段；中方专家团队注重启发、培养苏方学员的独立工作能力，提出问题后，让苏方学员在实践中找答案，通过实际操作解决苏方学员的技术疑问，加深其知识理解，使学员能够独立操作所学机械和工艺。将现场教学与仪器设备使用结合起来，让学员较快地掌握了设备的原理、操作方法，促进了学员专业理论和专业技能的同步提升。中方专家团队稳步推进各专业培训授课工作的开展，认真培训，取得了实效。

对焊接专业，焊接实训教学是其重头戏，中方专家团队在培训中重视实训教学，使苏方学员熟练地掌握焊接操作方法，培养了良好的习惯，培训让苏方学员的实际操作能力得到了很大提高，基本达到焊接中级水平要求，具备了焊接专业的基本理论知识和操作技能。对机械维修专业，培训内容涵盖了维修的入门知识、机械维修基本技能、常见机械设备的作用和结构原理等，使苏方学员基本掌握机械维修专业相关理论基础，为今后参加实际检修工作奠定基础。苏方所有学员的各项技能都得到了显著提高，具备单独对常用机械检查、判断和排除故障的能力。对机械加工专业，理论教学与实训教学均在数控实训室或传统设备实训车间进行，形成整体的一体化教室，让苏方学员有真实感，中方专家团队充分利用现代化教育技术、网络技术、仿真技术、视频教学和实践操作，帮助苏方学员理解和接受知识，将枯燥无味的知识转化成生动的学习场景，增强了培训效果。对汽车维修专业，汽车维修专家根据现场设备的特点，开设了对柴油汽车维修、汽油汽车维修都适用的《汽车检测设备及仪器操作》培训课程，用一体化的教学任务将汽车维修相关知识融合在一起。对妇女发展专业，中方专家团队将其分为西点工艺和缝纫工艺两个专业，西点工艺专业强化训练，注重色、形、味方面的培训，提升学员的实训能力；缝纫工艺专业培训学员熟悉缝纫机的构造及各部位的作用、缝纫机的保养，掌握电熨斗的使用与保养、服装整烫与洗涤、服装制作的各种技巧等。对水道专业，中方专家团队结合苏丹的实际情况，以熟练使用车间现代化设备工具、提升苏方学员的职业技能为目标实施教学，先制作PPT课件进行教学，然后结合教材在水道车间进行同步实训，再结合苏丹水道业的现状对学校的设备和实物进行分析和讲解。

## （三）以"三送"培养"三能"，助力苏方师资队伍建设

### 1. 送先进制造业企业体验学习，着力提高苏方教师教学能力

湖南工程机械产业的发展势头一直较好，在全国工程机械产业集群中位列前茅。为全面贯彻落实《国家职业教育改革实施方案》，提高苏方教师的教学水平，湘外院组织苏方教师到中联重科、三一重工、中车集团等先进制造业企业体验学习，参加实践锻炼。参与中苏职业教育合作的装备制造企业中联重科在先进技术、专业人才、实训基地方面有许多有益经验，在工程机械培训课程设计、授课老师选派、教学参观考察等方面提供了多种支持，并聘请机械设计与制造专业的专家和学者就常用工程机械的操作与维护技术、工程机械的结构与总体传动、工程机械安全操作规程、工程机械装配与调试工艺等内容为苏方教师授课，对苏方专业骨干教师进行实地操作培训，以了解世界和中国工程机械行业的发展情况，学习常用工程机械的运用与维护技术，着力提高苏方教师的教学能力。

### 2. 送"双高"职业院校参观学习，着力提高苏方教师专业能力

为了进一步提高苏方教师的专业能力，湘外院组织苏方教师赴宁波职业

技术学院等"双高"职业院校参观学习，并开展了深入交流和探讨，提高了苏方教师的专业能力。本次培训主题突出、内容丰富，紧紧围绕"双高计划"专业群建设，多角度、全方位展示了中国职业教育"双高"建设的工作举措与成效，邀请职教专家现场授课，拓展了苏方教师的教育视野，提高了苏方教师的专业能力和综合素质，为苏方教师提供了丰富的实践借鉴。

### 3. 送国际型企业交流学习，着力提高苏方教师社会服务能力

产学研结合是创新人才培养模式、提高职业教育办学质量、着力推进职业教育由外延式发展转向内涵式发展的重要途径。职业教育应加强与政府、行业、企业、协会等部门协作，提高为区域经济社会服务的能力，切实提升科研服务教育教学、服务人才培养、服务社会需求的能力和水平。在湖南工程机械产业中，以中联重科、三一重工为龙头的国际知名企业率先走出国门，成为世界工程机械行业发展最为耀眼的亮点，有不少可供借鉴的经验。湘外院依托知名国际型企业中联重科发展机械设计与制造、建筑工程技术等专业，利用学院的技术人才优势，积极服务地方社会经济发展，取得了较好的社会效益，也为培养苏方专业骨干教师提供了良好的实践锻炼平台。随着湖南高职院校与知名工程机械企业校企合作、产教融合的不断推进，教师的社会服务能力得到一定程度的提升。

## 三、推进中苏职业教育合作师资队伍建设的成效

苏丹恩图曼学校在我国政府的援助下，特别是开展职业教育合作以来，教育教学质量稳步提升，得到苏丹国家和社会各界的认可，德国、日本、科

威特等国家慕名多次到现场参观考察，产生了良好的国际影响力。该学校成为苏丹职业教育的旗帜、东非最好的职业学校。

## （一）教师专业能力和水平明显提升

中苏职业教育合作项目自实施以来，中方专家团队制订了具有学校特色的培训方案，对各专业进行了较系统的知识培训，同步对中国援苏的教学仪器、设备的使用开展了培训。中方专家团队累计对11个专业的教师及行政管理人员开展培训，恩图曼学校的教师初步掌握了现代信息技术在教学中的应用，实现了信息教学在苏方培训中心零的突破。培训让苏方教师的教育教学能力稳步提高，已教会使用方法的设备、仪器已基本投入教学或使用。现场培训和教学效果显著，得到了苏方学校师生的高度认可。2018年恩图曼学校招生火爆，报名人数突破了1 700人，比2017年增长41.67%，实际招生492人，比2017年增长23%，同时报名生源地区也不断扩大。通过有针对性的培训，苏方教师的理论和实践教学水平明显提高，大多数教师能熟练运用教学仪器、设备开展教学，提升了教育教学能力和专业素养。

## （二）师资队伍管理体系初步建立

在中方专家团队的指导下，恩图曼学校既具有中国"楚怡"职业教育特色，又符合苏丹国情的现代化职业教育理念正逐步形成；各项规章制度和运营管理机制已初步建立；师资培养标准和质量评价体系正在逐步建立。中方专家团队为该学校开发了教学运行标准、师资建设标准，建立了较系统的师资队伍管理体系，具体包括《专业带头人遴选与管理办法》《青年骨干教师培养对象遴选与培养管理办法》《教师培训管理办法》《新教师培训管理办法》《教师企业实践管理办法》《教师在职攻读学位管理办法》及《外聘教师管理办法》。中方专家团队协助苏方建立了师资培养培训制度，对职业学校校长、专业负责人、专业教师定期培养培训，提高了教师工资待遇，保障其生活无忧，建立了一支专业的、年龄结构合理的教师队伍。

## 四、中苏职业教育合作师资队伍建设存在的主要问题

苏丹在推进职业教育体系建设的过程中仍然面临诸多问题与挑战，职业教育还不能完全适应经济社会发展的需要，专业结构不尽合理，职业学校的招生数量与人们对职业教育的需求矛盾明显，人才质量有待提高，教育经费得不到保障，师资流失较为严重，需要进一步深化产教融合、校企合作、人才培养模式改革，扩大供给和规模，适度发展高等职业教育，坚持学历教育与职业培训并举，推进新兴产业和传统产业人才培养协调发展，拓宽技术技能人才成长途径。

### （一）师资流失较为严重，招生供需矛盾突出

受苏丹工资低、货币贬值等几方面因素的影响，恩图曼学校的教师尤其是中青年教师在陆续流失，并且有愈演愈烈之势。一方面，恩图曼学校在中国政府的协助下，办学声誉和社会影响力持续提升；另一方面，由于师资流失严重，恩图曼学校不得不缩小招生规模，2018年的招生人数由2017年的

400人减少为300人，减少25%，引发了供求矛盾和冲突[①]。

恩图曼学校专业教师按照现有在校生规模应当配置54人，实际配置32人，流失10人，总体流失率31.25%。据了解，恩图曼学校的专业教师，除个别专业外，均没有按应配人数足额配置到位，并且还在不断流失，如果没有改进措施，流失情况会进一步扩大。苏丹劳工部职业培训最高委员会所属其他职业学校也面临着同样的问题，这成为一个普遍现象。恩图曼学校师资流失情况具体见表3-1。

表3-1 恩图曼学校师资流失情况统计

| 专业教师 | 应配人数（人） | 实配人数（人） | 流失人数（人） | 流失率 |
| --- | --- | --- | --- | --- |
| 建筑专业教师 | 5 | 3 | 1 | 33.33% |
| 电工专业教师 | 5 | 4 | 1 | 25% |
| 汽油汽车维修专业教师 | 5 | 4 | 1 | 25% |
| 柴油汽车维修专业教师 | 5 | 3 | 0 | 0% |
| 机械加工专业教师 | 5 | 3 | 0 | 0% |
| 水道专业教师 | 5 | 5 | 2 | 40% |
| 机械维修专业教师 | 8 | 3 | 0 | 0% |
| 焊接专业教师 | 6 | 2 | 2 | 100% |
| 汽车电气专业教师 | 5 | 2 | 1 | 50% |
| 计算机专业教师 | 5 | 3 | 2 | 66.7% |

中国与苏丹合作建设的恩图曼学校已累计为苏方培训学员数千名。为了

---

① 在录取结果公布后，未录取学生及家长聚集在恩图曼学校，认为录取率太低，开学前后每天来校争取读书机会，强烈要求入读，恩图曼学校在报告苏丹劳工部职业培训最高委员会后，经批准扩大招生名额，最终实际录取492人。

进一步扩大招生规模，中国启动该学校的改扩建工程。但受师资流失的影响，在改扩建后，该学校的招生情况与中国政府扩大招生规模的规划背道而驰。且由于教师队伍不稳定，直接影响恩图曼学校教学工作的正常进行，部分教学工作无法正常开展，专业建设没有人才支撑，人才培养质量得不到保障，进而导致招生规模下降，造成更多的教师思想不稳定、产生悲观思想，并带来一系列不良影响。

## （二）师资队伍水平偏低，专业教学技能不足

由于苏方在学校管理、教学和师资队伍建设等方面远远跟不上现代化职业教育的要求，知识水平和技能素质普遍不高。据不完全统计，苏丹目前文盲率接近50%。苏丹的经济发展面临着难得的发展机遇，但各方面人才培养不足。高层次人才队伍在职业院校人才培养、专业建设、科研与社会服务等方面发挥着至关重要的作用，也是师资队伍建设的重点。从现有师资队伍的情况来看，苏方职业院校的教师中以高职称、高学历、高技能为代表的高层次人才相对缺乏。

在苏丹本土教师的课堂上，主要是以教师为中心进行教学，不太重视发挥学生的主观能动性，教师只是机械地传授知识，很大程度上忽略了学生学习能力的培养。课堂用语基本以阿拉伯语为主，专业教学技能不足，从而使得教师的教学水平差距较大。虽然苏丹的职业教育一直在前进，但师资水平却没有得到较大提升，导致教学质量较低。

随着苏丹经济结构的转变和经济增长方式的转型升级，社会对劳动者素质的要求明显提高，苏方职业院校的人才培养水平与社会要求之间还存在一定的差距。苏方职业院校教师的教学理念和能力与高素质技能型人才培养的需求还不能完全适应。部分教师缺乏主动推进教学改革和创新的动力，教学思想陈旧，教学理念有待更新；部分教师教学手段单一，信息化教学水平不高，

实践能力不强，教学能力有待提高；部分教师缺少对职业教育教学理念、教学方法的系统学习，缺乏企业实践工作经验，难以胜任教学工作。以上教学理念和能力的欠缺，严重制约了苏方职业院校教学水平和人才培养质量的提高。

## （三）缺乏有效激励机制，教师满意度差

苏丹的教师虽然地位较高，但收入较低，尤其是公立学校的福利待遇偏低，加之教师的工作相对繁重，且缺乏有效的激励机制，因此教师的积极性不高，师资流失严重。

在当前阶段，随着苏丹职业教育的快速发展，很多院校已经逐渐发展并形成较为完善的薪资结构，教师的薪资水平待遇不断提升。虽然职业院校的办学资金较民办学校而言具有一定的稳定性，但是很多教师对个人的薪资待遇满意度较差。受到传统薪资结构的影响，苏丹一些学校教师的薪资待遇不足以让其满意。总体来说，虽然苏丹职业院校的薪资制度得到了逐步完善和发展，但是依旧处于相对较低的水平，教师对薪资待遇的满意度较差。受到这些因素的影响，一些教师的教学表现不够积极，这也给苏丹职业教育教学质量发展带来了阻力。

第四章

# 中苏职业教育合作示范教学

# 一、"楚怡"现代职业教育教学理念的传播

## （一）苏丹职业教育教学现状

受德国"学徒制"的影响，苏丹职业教育偏重实践教学，理论教学缺乏规范性和系统性，主要表现在以下几个方面。

第一，苏丹对职业教育教学理论与发展背景研究不足。苏丹自1956年独立后才开始建立职业教育，并且一直受殖民者英国职业教育模式的影响，直至外国技术人员和殖民者撤离后，才开始重视开办职业院校，因此苏丹职业教育起步较晚。特别是在巴希尔执政时期，国家对职业教育的重视不够，中央经费扶持力度减小，导致苏丹职业教育经费短缺，主要依靠外国援助。此外，教师的工资待遇普遍不高，职业教育工作者也无暇顾及对职业教育教学理论与发展背景理论的研究。

第二，理论教学缺乏规范性。首先，没有制订统一的专业教学方案或专业人才培养方案。由于缺乏对市场的充分调研和对岗位职业标准的认真考量，导致苏丹职业院校专业定位不准确，就业岗位指向不明。另外，由于片面强调就业，对学生文化素养的提升和职业道德规范的培养不够。其次，专业教学不规范。苏丹劳工部职业培训最高委员会所辖的5所职业学校，其中有3所受到不同国家的援助：受中国援助1所（恩图曼学校），受韩国援助1所（苏韩学校），受德国援助1所（苏德学校，1989年中断，目前由日本续援）。受到外国援助的3所学校发展较好，没有受到援助的2所学校发展较为落后。

此外，由于苏丹职业教育无教材、无标准，导致其教育教学缺乏统一的标准和规范，课程教学缺乏系统性。

第三，教学管理模式比较落后。苏丹整个职业教育教学管理缺乏规范性，管理者整体水平不高，教学管理照搬普通教育的管理模式，严重影响了专业教学的效率和效果。另外，职业教育知识更新慢，导致管理者对专业的设置和调整不及时，现代职业教育教学管理理念缺失。

## （二）"楚怡"现代职业教育教学理念

职业教育的发展关系着国家的发展。目前，中国大力提倡和扶持职业教育，加强了对职业教育的重视程度。

"楚怡"现代职业教育教学理念和方法满足苏丹职业教育的基本要求，培养的人才具有应用性，教学内容具有职业针对性，教学方法具有实践性。同时在实践中也提出了一些问题，例如，如何应对教室和工作场所的不同学习风格，如何处理教师与学习者学习风格不匹配的问题，等等。针对这些问题，出现了一些具体的教育教学理念和方法，具体如下。

### 1. 职业教育教学要以学生为中心

"以学生为中心"的职业教育教学模式，重在发展学生的创造力，要求教师指导学生学习、教会学生学习方法，让学生更有效地获取和掌握知识，促使学生在知识、能力、素质各个方面协调发展。身处信息时代，知识更新速度不断加快，工作环境不断变化，终身学习及学习型社会的脚步一步步逼近，这些必然会改变人们的学习方式，要求学习更加自主化、个性化。如今，好的教学不再仅仅是知识从教师到学生的有效传递，而更多地被理解为促进学生优质化学习的教学。在这种背景下，职业教育教学也正从教师中心转向学生中心。职业教育教学以学生为中心突出表现在学生角色的转变上，在整个教学过程中,学生始终处于中心,并且与学习促动者、学习情境和必要的学习资源相关联。

**2. 职业教育教学要坚持因材施教的人性化教育**

因材施教是职业教育教学中一项重要的教学方法和教学原则。在教学中,教师要根据不同学生的认知水平、学习能力及素质,选择适合每个学生的学习方法来有针对性地教学,发挥学生的长处,弥补学生的不足,激发学生的学习兴趣,树立学生学习的信心,从而促进学生全面发展。因材施教体现了教育的公平性、针对性。因材施教改变"灌输式""大班化"教学,实施学分制、弹性学制,推行小班化、分层次教学,为学生的个性发展提供多样选择。

**3. 职业教育教学要坚持以实践教学为基础的行为导向教学**

职业教育的培养目标是技术、技能型人才,即实际"做事"的人才。实践教学践行"在干中学、为干而学"的精神,因为"做事"的能力只有在"做事"和开展活动的过程中才能得以培养,在实践中进行教学才能达到人才培养的效果。实践教学是指在对学生进行专业基础知识教育的前提下,通过各种实践性的手段对学生进行强化训练,理论联系实际,使学生获得感性认识,掌握职业技能,养成理论联系实际的作风,培养独立工作的能力,并促进良好职业习惯和职业道德的养成。实践教学的具体方法包括案例教学法、三明治教学法、项目教学法、轮岗学习法和角色扮演法等。

**4. 职业教育教学要注重现代信息化技术手段与方法的运用**

职业教育的实践教学应主要采用直观性感性教学,而非思维性理性教学。职业教育教学应以实践教学为基础,加强对现代信息化技术手段与方法的运用,充分使用计算机辅助教学,实现教学技术和手段的现代化。职业教育有别于其他教育,它培养的是具有相对不完善的理论知识和较强实践应用能力的专门应用型人才，整个教学过程注重专项实际动手能力的培养，教学方法自然也就有别于其他教育。

**5. 职业教育教学过程中要体现团队意识**

在工作中，由于工作组织形式的变化，团队的合作精神与能力发挥着日益重要的作用，因此，职业教育的培养目标也越来越重视学生合作力的发展。职业院校教师在教学过程中要注重学生团队合作力和团队意识的培养，使培养出的学生更能适应现今社会和企业对人才的要求，实现高职院校培养高技能型人才的目的。

**6. 职业教育教学要秉持以理解为主体的职业教育教学模式**

所谓理解就是：第一，教师要充分了解学生，要知道学生的基本情况；第二，学生在学习知识的过程中，要通过主动学习，不懂互问、互帮，最终实现对知识的最终理解和真正掌握。职业院校教师可以灵活采用具体的教学方法，如示范教学法、项目教学法、引导课文教学法、张贴板法、项目与应用性教学法、模拟教学法、谈话法、读书指导法、师徒法、个性教学法、讲授法、演示法、任务教学法、分组教学法、讨论法，案例教学法、头脑风暴法、互动式教学法等。例如，根据教学对象对教学活动参与程度的由浅到深可以选择讲授—演示、模拟教学法—实习、实验教学法—角色扮演、讨论教学法—案例教学法—项目教学法等教学方法。

我国现代职业教育在发展过程中，吸收了许多优秀的职业教育教学理念和方法，加上苏丹职业教育发展时间不长，可塑性大，因此，"楚怡"现代职业教育教学经验对苏丹职业教育发展有很强的借鉴意义。

20世纪50年代，德国教育实践家瓦根舍因等提出了"范例教学法"，即教师在教学中选择真正基础的、本质的知识作为教学内容，通过"范例"内容的讲授，使学生掌握同一类知识的规律。我国教育部职业技术教育中心研究所研究员姜大源将职业教育分为制造类职业领域和服务类及农业类职业领域两部分，前者开展教学最适宜采用范例性的材料；后者采用案例和范例互补性的材料开展教学更为妥当，足见在职业教育教学过程中应用范例教学非常重要。对范例教学理论的研究主要集中在高职院校计算机教学的应用过程中。如有学者将范例教学应用于非计算机专业的教学过程中，则选取计算机知识中最基础的部分进行范例性的讲授，让学生掌握规律性的知识，以达到触类旁通的效果。范例教学的参与性更强，更有利于提高学生解决实际问题的能力，同时有利于激发学生参与培训的积极性、促进学生交流学习经验、发挥学生潜能。范例教学对学习内容的选择要遵循基本性、基础性、范例性三个原则，但实际上通常没有具体、明确的标准，因此很难把握，并且很难找到同时符合这些原则的真实范例，这就要求教师根据教学需要对搜集的范例进行修改和整合。因此，在中苏职业教育合作教学中对范例教学的研究，可侧重于设计不同专业、不同学科的教学范例及教授职业院校教师扩充实施范例教学法的相关知识面，提高其范例教学能力和经验。

## 二、中苏职业教育合作示范教学的主要做法

### （一）示范培训方案，提升教师专业素养和教学水平

在现场调查了解的基础上，中方专家团队全体成员进行了为期一周的研讨，讨论职业教育合作的内容、方法和形式，结合恩图曼学校发展现状，形成与当地特点"契合度"较高的合作思路，形成双方合作方案的"标准版"与

"通用篇"，让恩图曼学校能够快速有效地学习掌握设备使用。

在对现场调查了解的基础上，中方专家团队制订了第一批9门课程的培训方案，与恩图曼学校进行了为期8天的全面对接，对每一个培训方案进行了论证。恩图曼学校校长、副校长全程参与了对接，每个专业的教师均参与了相应专业的对接并提出了建议和意见。在对接的基础上，中苏双方进一步完善了培训方案。2017年1月湘外院教师团队与恩图曼学校举行了项目培训的开班仪式，自此各门课程的培训全面开始。

根据培训方案，第一批次共开设9门课程，累计1 822课时，通过相应课程的培训，培养苏方学员掌握相关专业的基本知识和安全操作规范，指导恩图曼学校教师熟练掌握相应设备和工具的使用，培养苏方学员养成良好的专业意识，具备专业工程师的职业能力。同时，苏丹教师通过培训具备了专业课程的教育教学能力，能熟练运用教学设备设施开展教学，在对恩图曼学校教师的培训中取得了很好的实效。在第一批次培训方案的基础上，中方专家团队制订了第二批次对苏丹其他职业院校教师的培训工作方案。中方专家团队通过系列培训，形成了较成熟的培训方案。

## （二）示范管理制度，规范中方专家教学管理行为

为确保中苏职业教育合作示范教学的培训质量，规范培训教学行为，中方专家团队召开了专题会议，讨论研究如何采取措施保证培训质量。会后全体成员达成共识：要注意与苏方职业院校沟通，提前做好培训准备工作，特别是耗材的准备，以保证培训按计划顺利进行；平时要加强对苏方学员的考勤管理，督促苏方学员按时参加培训。同时，为加强内部质量控制，中方专家团队制定了《教务日常管理规定》，每周填报《培训授课质量和进度控制表》和《培训授课评价表》，强化培训日常管理、质量管理和进度管理，要求团队

全体成员严格执行。

## （三）示范管理方法，提升苏方教务管理水平

恩图曼学校的零配件管理一直比较混乱，该学校采用原始的手写登记方法，各仓库的库存数量无人知晓。中方专家团队抵达苏丹后，以"钉钉子"精神扎实开展工作，先后对学校的 200 余种仪器设备进行实地调研，确保做到三个"清楚"，即"基本信息清楚，存放位置清楚，质量性能清楚"，对恩图曼学校进行"立体式透析扫描"，全面细致了解恩图曼学校的发展情况、教学实力、专业水平、师资力量等。中方专家团队力争掌握"第一手"详细资料，为中苏职业教育合作工作开展做到"心里有数，心中有底，手中有招"。经过半个月的调查，中方专家团队摸清了基本情况，发现了存在的问题，并向恩图曼学校进行了反馈和沟通。

恩图曼学校的教务管理只有副校长一人负责，没有设立专门的管理部门，课程安排、教学计划等大部分工作由各系承担，缺乏统筹安排，信息技术等现代管理方法和手段在教学管理上基本还没有应用。为了推进现代管理方法在恩图曼学校教学、教务管理中的应用，中方职业教育专家与恩图曼学校开展了教务管理对接研讨会，建议恩图曼学校设立教务主任。教务主任的工作繁杂，关系到学校教学工作的顺利开展。教务主任要从"实"做起，例如，对各班班长、学习委员进行教学情况记录的培训，每周汇总统计，掌握课堂教学的第一手资料，充分了解各教师平时的工作态度和学生的学习状况等；教务主任要以"效"着力，从教师的出勤、备课、上课、批改作业、辅导、听课、课后反思，以及课前督促预习、课后督促复习各个环节抓起，强化教学活动的针对性、有效性。中苏双方还就教学、教务管理中人才培养方案的制订、课程的开发、教学计划的制订、成绩的管理、实习实训的管理、教师的评价

等进行了深入交流，逐步将中国的先进职业教育理念和管理方法通过适当的方法和途径引入苏方培训中心。

## （四）示范课堂教学，促进教研相长

### 1. 开展专家团队内部技能比赛

为提高中苏职业教育合作培训质量，提高苏方教师的教学水平，中方专家团队利用恩图曼学校的寒假时间，于 2017 年 2 月举办了课件设计制作、翻译比赛。通过在赛中训，在训中赛，讲练结合，进一步规范了课件形式和内容，规范了翻译的格式，为提高培训质量打下了坚实的基础。

在斋月结束后，恩图曼学校的工作基本恢复正常，中方专家团队代表立即与恩图曼学校主管教务的副校长开展暑期培训对接，通过与苏方各专业教师协商后明确暑期集中培训科目及时间。暑期中方专家团队分别对 9 个专业开展 5 天的集中培训。通过集中培训，苏方教师不仅能够及时地跟上培训进度，同时能够更好地巩固所学知识，从而进一步提升培训质量。

### 2. 开展"友谊杯"赛课活动

为提升业务水平，深化合作，提高教学培训质量，中方专家团队向恩图曼学校的教师进行示范性教学。为促进中苏职业教育交流，将中国职业教育先进的教学理念在恩图曼学校推广应用，中方专家团队组织了"友谊杯"赛课活动。经过 2 周时间的精心准备，中方专家团队的成员们都拿出了自己最好的精神面貌和状态，根据培训课程的特点，以实践为主，兼顾理论，每堂课都讲得形象生动，博得了苏方教师们的一致好评。恩图曼学校的校领导听取了全部课程，对这种活动形式给予了高度评价，认为其能有效促进苏方教师教学质量的提高，同时也对中方专家团队无私的奉献、将现代职业教育教学进行传播表示由衷的感谢。苏丹劳工部职业培训最高委员会课程指导部门负责人观摩了"友谊杯"赛课活动。

## （五）示范实践教学，持续抓好教学培训质量

首先，职业教育培养人才的一般规律，就是要突出职业教育的"实用""实训""应用"等特点，要通过建立实训基地，加大实训力度，不断培养第一线的各层次应用型人才。中方职业教育专家在持续抓好理论培训的同时，将培训重点转移到实训课，加大实践能力培养，把培养苏方学员的技术应用能力和动手能力作为教学的中心环节。数控机床专业，苏丹学员在数控编程的理论基础上进行实操，提高了产品加工技术水平，还吸引了苏丹其他院校的教师来现场听课；建筑专业，将全站仪搬到建筑工地，教苏丹学员进行实测，提高了培训实效；妇女发展（西点工艺）专业，注重色、形、味方面的强化训练，提升了学员的实操能力。

其次，对实用性较强的特色专业的培训另辟蹊径。在妇女发展（服装缝纫工艺）专业培训中，中方教师根据培训方案，结合专业特点开展了培训工作。妇女发展专业的服装缝纫工艺课程，具有实践性强的特点，因此对缝纫机的调试和使用、量体裁衣、服装的加工制作等培训以实际操作为主。中方教师除了正常的授课时间，一有时间就会来到实训车间，指导苏方学员们的学习，中方教师还经常利用周末时间提前做好培训授课准备。苏方学员们学习的积极性很高，平时也在实训车间加强练习，打版、制作等技能提高很快，吸引了来自苏丹劳工部职业培训最高委员会及苏韩学校的学员一同来听课。苏方教师都较系统地掌握了缝纫设备的使用，以及服装的裁剪、制作，同时在学习中注重中苏服装文化的交流，注重服装缝纫工艺的推广应用。

另外，恩图曼学校汽车维修专业根据现场设备特点开设了《汽车检测设

备及仪器操作》培训课程，中方汽车维修专业专家采用理论、实践相结合的方式，将现场教学与仪器设备的使用结合起来，让苏方学员较快地掌握了仪器设备的原理和操作方法。

### （六）示范操作规程，提高实操授课专业性

为加强专业车间授课操作的专业性、规范性和安全性，中方职业教育专家指导苏方教师制订专业实训操作规程，并翻译成阿拉伯语，张贴展示在各个授课车间，把中国的先进规范教学管理理念传播到恩图曼学校的实训室管理工作中，并且强调操作规程应及时反映安全生产信息、安全要求和注意事项的变化。恩图曼学校每年要对操作规程的适应性和有效性进行确认，至少每3年要对操作规程进行审核修订；当工艺技术、设备发生重大变更时，要及时审核、修订操作规程。

### （七）示范教学教材，分专业开展简明教材编写研讨会

针对恩图曼学校无人才培养方案、无课程标准、无教材的现状，在中苏职业教育合作中开发符合苏丹实际的简明教材是职业教育合作的重要内容。中方专家团队结合前期培训效果与恩图曼学校的实际情况组织各专业专家启动简明教材编写工作。经过与恩图曼学校多次沟通并听取恩图曼学校各专业教师意见后，中方专家团队集体研讨并制定了《简明教材编写方案》，提出了简明教材编写的具体要求、提纲、形式、体例和内容等。中方部分专业教师通过前期与恩图曼学校教师进行深入交流后，开展了专业简明教程编写研讨会。通过研讨会，中方各专业教师介绍了自己的总体编写思路，恩图曼学校教师根据实际情况提出了建设性意见，整合苏方教师意见后，中方专家团队对相关专业简明教程的编写方案予以完善，确保简明教材编写的系统性、科

学性、规范性。

中苏职业教育合作的整个过程都是以教学为中心，中方专家团队系统地将中国职业教育教学模式引入苏丹，从理论到实践，再从实践到理论，不断地形成具有苏丹特色的职业教育教学管理规范性文件、制度和标准。

# 三、中苏职业教育合作示范教学的成效

## （一）推进了职业教育与产业同步发展

职业教育地区分布与产业结构关系、职业教育层次与产业结构关系、职业教育专业结构与产业结构关系这三大关系并非孤立存在，而是相辅相成、交叉融合的。因此，苏丹职业院校根据国家产业结构调整战略和劳动力市场需求预测结果进行调控，针对不同地区的经济社会发展实际和产业结构现状，开设地方产业发展急需的、具有区域特色的职业教育专业，更好地发挥职业教育服务产业经济发展的职能。同时，苏丹职业院校也应设置合理的专业结构以满足不同层次的职业教育需求。因此，强化产业链高技能人才培养应该是今后苏丹职业教育发展的一个重要方向。把职业教育和经济社会的发展及改革开放紧密地融合在一起，实现专业与产业、课程与职业、教学与生产的无缝对接，最终使苏丹职业教育的发展和社会经济及社会公共服务的发展相匹配。

## （二）促进了产教融合

中国专家通过牵线搭桥，促使恩图曼学校在人才培养和毕业生就业方面与地方经济、中资企业、苏方企业联系都很紧密，并在企业融入、供需对接、协同育人等方面做了很多努力。恩图曼学校坚持与企业联合培养订单式技能技术人才，并且邀请行业、企业专家共同制订人才培养方案、课程标准，开发教材等；企业派出专家到学校担任兼职教师，同时也接纳学校教师到企业开展专业实践。

## （三）初步构建了信息化应用体系

在中方职业教育专家的指导下，恩图曼学校建立了初步的信息化教学体系，如配备了教学电子课件、学校官网主页等。信息技术的发展，也为个性化学习创造了条件，云存储、大数据、物联网和移动互联网发展使得差异化地教、个性化地学和精准化地评价成为可能。[1]利用大数据技术和物联网技术，对学习者的成长过程、学习行为、学习结果及教学过程进行持续性的收集和分析，可以帮助教师深入了解每位学习者的能力及需求，从而进行个性化和有针对性的指导；同时也可以基于学生的个人特点，向学生推送与其能力相匹配的个性化学习资源，实现适应性学习。

---

[1] 潘茜茜,杨刚.教育信息化2.0时代高等职业教育教学策略研究[J].河北职业教育,2021,5(06):35-39.

# 四、中苏职业教育合作示范教学的问题

## （一）"楚怡"职教方案实施难

苏丹有发展本国职业教育的传统，现有做法根深蒂固。一是传统观念的问题，苏丹对职业教育的重视程度不够，苏丹民众对于职业教育有很深的偏见，普遍认为职业教育低于普通教育。但实际上职业教育与普通教育具有同等重要的地位，两者如果说有共同的评判标准，那就是品德与能力。品德的标准是一致的，但能力的标准是多元的。让所有的能力都能找到合适的岗位，就是人尽其才。二是已经形成的职业教育教学模式要改革不是一日之功。苏丹由于受其特定的政治、经济和文化的影响，已经形成了相对固定的职业教育教学模式，中国职业教育专家的指导和帮助也只是在合作期内才起到作用，对现行的教学管理体制进行改善和提高，最终还得靠苏丹政府的重视和其对职业教育改革力度的提升。

## （二）教育教学方式方法缺乏多样性

多样化的教育手段提倡多种教育方法并用，不再局限于一种模式化的教法，能最大限度地保证受教育者的权利，弥补班级授课这种集体教育方式的不足，多层次地保证学生的发展，让学生在交流中体现真正的自我，学会真正意义上的合作，提高学生接受知识的水平；多样化的教育手段能给予教师自由，让教师能够选择符合自己经验的个性化教育方式，激发每一个学生的潜能和才干，让其更好地成长成才。

## （三）职教体系评价评估体制不健全

职业教育评价是与职业教育目的和人才培养目标高度相关的活动，其实质是一种对办学方向和目标达成度的判断、检验和测量。职业教育评价事关职业教育的发展方向和办学导向，要增强职业教育的适应性，就要紧紧抓住评价改革这根牵引线，打破传统观念和制度阻碍，以评价促进职业教育"长入"经济、"汇入"生活、"融入"文化、"渗入"人心、"进入"议程，推动职业教育适应新一轮科技革命和产业变革对高素质劳动者和技术技能人才的需求，让职业院校的学生都能从"有学上"到"上好学"，为"人人皆可成才、人人尽展其才"进一步创造条件。但是目前苏丹尚未建立职业教育评价评估体制。

## （四）信息化应用体系的可持续性不强

一是苏方教师对信息化教学的认识不够。苏方教师未能真正认识到信息化教学的内涵，认为信息化教学是对计算机的简单操作，如PPT的使用等。二是教师的学习动力不足，传统教学模式固化导致教师缺乏适应信息化教学动态发展的自主性。三是教师的信息化教学知识与技能缺乏。首先，苏方教师缺乏教育学专业素养，尤其是系统的信息化教学基本理论知识，而信息化教学能力培训多以技能性培训为主，涉及信息化教学基本理论的培训较少。其次，苏方教师缺乏信息化操作技能，部分教师只具备基础的计算机使用能力，而专业软件应用与编程、视频剪辑、课件美化等方面的能力较为不足。四是苏丹政府对信息化教学的支持力度不够，信息化教学改革尚未得到实施。

第五章

# 中苏职业教育标准合作开发

# 中国与苏丹职业教育合作研究
——以"楚怡"职教在苏丹的实践为视角

经济发展和产业升级离不开"标准化"。标准是"以科学、技术和实践经验的综合成果为基础,以获得最佳秩序、促进最佳社会效益为目的,经有关方面协商一致,由主管机构批准,以特定形式发布,作为共同遵守的准则和依据"[①]。标准化就是为了达到能共同遵守及重复使用的规则而进行有目的的活动。

作为与产业发展关系最为紧密的职业教育,正处于建设现代体系的关键时期,同样需要贯彻"标准化"人才培养理念,构建标准体系。2019年2月,国务院印发了《国家职业教育改革实施方案》(以下简称"方案"),《方案》明确了"建成覆盖大部分行业领域、具有先进水平的中国职业教育标准体系"是国家职业教育改革的重要指标之一。职业教育标准体系的形成是职业教育科学化、内涵式发展的重要标志,是职业教育与产业、行业、企业深度融合的基础。

中苏职业教育标准合作开发,即中国职业教育标准"走出去",主要是参照国内和国外行业标准,结合国外企业的职业能力需求,制定符合国外本土化,突出专业实践能力、现场应用能力和团队合作能力培养的人才培养标准。

## 一、"楚怡"职业教育标准合作开发概述

### (一)"楚怡"职业教育标准合作开发背景

长期以来,中国职业教育的国际化活动以引进并借鉴德国双元制、英国

---

① 丁红珍,王荣发.高等职业教育标准化通识课程建设探讨[J].教育教学论坛,2018(11):261-262.

现代学徒制、澳大利亚TAFE等西方职业教育发达国家的职教标准、职教模式和管理经验为主,输出本国标准并被别国认可及采用的较少,与"引进来"相比,"走出去"尚有欠缺。

首先,职业院校对中国职业教育标准建设研究不足,对国际职业教育标准体系对比研究的兴趣不浓。现有的研究基本以各院校的具体做法为主,缺乏宏观层面的论述。例如,从20世纪下半叶开始,部分发达国家开始制定职业教育教师的标准化制度,进一步规范了职业教育教师的职业资格、教学水平和技术能力,从而确保了职业教育的教学质量,培养出一大批符合社会发展需求的高质量技术型人才。而目前,中国职业教育教师标准的建设还处于探索和攻坚阶段,教师标准还存在体系不完善、制度保障不足、法律支撑缺失等问题。

其次,职业院校在主导或参与制定国际职业教育通行标准、国际资格证书等方面的力度不够,向国际社会宣传并推广中国职业教育发展成果的渠道层次不高,标准等成果输出面临着多语种文本的问题。从现实来看,中国主导制定的国际标准仅占国际级标准总数的0.5%,"中国标准"在国际上的认可度不高,而在职业教育领域,世界范围内理论、实践与标准制定新旧势力的传统国际格局仍然屹立待破,话语权、主导权和建设范式依然相对牢固地掌握在德国、英国、美国、澳大利亚等国家手中,中国职业教育从实践到标准的国际引领上还前路漫漫。多维瓶颈的存在成为制约中国职业教育标准国际化发展的内在因素。一是建设主体国际化交流程度不高,国家职业教育标准制定的过程中缺乏国外相关教育、行业和国际组织专家的参与,标准体系建设缺少常态化的国际交流平台和多边对话机制,对国外职业教育标准化的理论、实践、政策等动态信息了解不够充分。二是缺乏国际化标准建设要素的揉融。标准要素国际化就是采用与现代产业和现代社会紧密相关的国际通用标准,包括产业标准、产品标准、环保标准、安全标准、文化要求等。[1]

---

[1] 姜大源.国际化专业教学标准开发刍议[J].中国职业技术教育,2013(9):11-15.

另外，虽然近些年职业院校输出的专业教学标准、课程标准逐年提升，但大多由院校自主申报，并未有国家或省级层面出台的规则加以认定、检验和监督，且存在输出院校所在区域极不均衡的问题。

参与国际职业教育标准制定，实现标准对外输出是中国职业教育深度参与全球教育治理，争取国际职业教育领域话语权的必由之路。教育主管部门、职业院校、"走出去"企业应积极协作，推动中国职业教育标准"走出去"，提升中国职业教育的国际影响力。

中国教育主管部门应高度重视标准在职业教育国际化中的作用及标准输出的意义，成立省市级及以上层面的职业教育标准领导工作小组，立足区域职业教育特色，布局标准输出战略。重点做好标准建设和输出的顶层设计与系统规划，并研究出台相关工作实施指导意见等。

建立由熟悉标准研究制定的专家、国外职业教育专家、"走出去"企业的管理者、职业教育一线教师、外事人员等组成的标准建设工作小组，统筹标准的制（修）定工作。建立由政府部门、行业协会、典型企业等多部门参与的协同工作机制，统一协调跨领域、跨部门的标准，保障标准研究制定的效率和质量。

## （二）中国职业教育标准国际化经验

### 1."双高计划"引领，建立国家专业教学标准，推动高职专业建设

中国的高职院校以"双高计划"为引领，紧密对接中国制造强国战略，面向区域或行业重点产业，通过"政行校企"四方联动，健全对接产业、动态调整机制，建立国家专业教学标准，推动专业发展和专业群建设，引领专业设置、课程建设、人才培养模式等系统工程的改革发展，深化高素质复合型技术技能人才培养，推进"学历证书+若干职业技能等级证书"制度试点工作，

实现了全日制在校生学历教育与职业培训的融合，提供了与全体社会成员就业、转岗、晋级相适应的职业培训，满足了企业在职、在岗人员学历教育和针对性培训的需求。

（1）从国家层面制订"双高计划"，引领专业建设。对非洲国家而言，发展高等职业教育需要长期的"双高计划"，确保专业建设的前瞻性。

（2）建立国家专业教学标准。针对部分非洲国家职业教育缺人才培养方案、缺教材、缺统一标准的情况，有必要建立统一的国家专业教学标准，规范专业建设。

（3）推动专业群建设。部分非洲国家还没有专业群的概念，有必要将中国专业群建设的经验与非洲国家重点发展的产业链和就业岗位群的现状相结合，推动专业群建设。

**2. 对接技能标准，建立课程标准，开发高职课程**

中国高职院校课程开发的初始点，是未来就业中实际的职业、岗位等对学生们知识水平、技能水平和专业素养综合的内在要求。高职院校开发课程的依据是职业标准，按照专业群与产业群对接、课程内容与职业标准对接、教学过程与生产过程对接、毕业证书与职业技能等级证书对接、职业教育与终身学习对接的要求，构建专业或专业群课程体系。

构建好专业或专业群课程体系，要充分对照岗位技能标准和要求，本着"岗位怎么做，课堂就怎么教"的出发点，编制课程标准，开发课程。授课教师根据课程标准所规定的课程性质与目的、教学要求和教学方法来组织课堂教学、实训教学和教学考核工作。在开发课程的同时，将信息技术融入教育教学，根据产业发展和技术升级，校企合作共建为教学、培训、自主学习、技术服务于一体的专业群共享型教学资源库，建立线上线下课程，顺应"互联网+职业教育"发展需求。

（1）对接职业标准开发高职专业课程体系。部分非洲国家还没有构建系统的专业课程体系，有些非洲国家甚至还不具备职业标准。由于当前每个非洲国家的国情不同，且采用了欧美国家的不同标准，因此统一标准的难度很大。

（2）校企合作开发课程标准和教材。非洲国家的学校和企业应达成合作的共识，共同开发课程标准和教材。这些课程标准与教材需要符合本国企业的需求，既要有基础理论知识，又要有专业的实践性课程内容。这些课程内容的设置，需要注意可操作性与实践效果。

（3）开发线上课程。随着互联网的发展，部分非洲国家已经具备了开发线上共享课程的条件。推动非洲国家开发高职线上课程，为非洲青年提供多元选择，也可以缩小非洲国家和其他国家职业教育的差距。

### （三）"楚怡"职业教育标准国际化思路

参与国际职业教育标准制定，实现标准对外输出是中国高职教育争取国际话语权、提升国际影响力的必由之路。职业教育"走出去"，其核心是职业教育办学模式和职业教育标准"走出去"。

2021年10月，中共中央办公厅、国务院办公厅印发了《关于推动现代职业教育高质量发展的意见》，强调建设一批高水平国际化的职业院校，推出一批具有国际影响力的专业标准、课程标准、教学资源，推动职业教育走出去，积极打造中国特色职业教育品牌。据教育部公布的数据，截至2021年6月，全国高职（专科）院校已达1 482所。高职院校在数量上占据了中国高等教育半壁江山，已形成具有中国特色的高等职业教育体系，初步具备了"走出去"的实践基础。2017年，天津市第二商业学校和英国奇切斯特学院合作建立的"鲁班工坊"正式揭牌运行，通过在英国开展中餐烹饪学历教育和技能资格证书认证，将专业人才培养标准纳入英国国家职业资格框架体系，成功实现了中国职业教育标准的境外输出与国际认证。职业教育"走出去"在系培养本土高素质技术技能人才、服务中国技术和企业落地生根的同时，也倒逼国内院校淬炼内功，助推专业、课程和资格标准与国际接轨，有效拓展教师国际视野，提升国际化教学能力，促进职业教育国际化发展。

"楚怡"职业教育标准国际化是要鼓励、支持有条件的职业院校参与开发国际通用专业标准和课程体系，推出一批具有国际影响力的高质量专业标准、课程标准、教学资源。充分发挥中国职业教育资源优势，以技术、服务、标准及理念输出为统领，推进职业教育技术设备、教材、课程架构、教学项目、海外授课、教学管理、专业标准、教学方案与评估认证体系及职业教育整体解决方案的输出。具体需要从以下几个方面入手。

**1. 对标国际标准，为职业标准国际化奠定基础**

职业教育培养国际化人才必须与国际先进水平对接，开发具有国际水准、中国特色的职业教育专业教学标准，推动职业院校教学资源的国际化，不断提升专业的国际化水平。2012年，教育部下发的《关于借鉴国外先进经验开展职业教育部分专业教学标准开发试点工作的通知》指出，专业教学标准引入国际要素，不仅有利于深化中外合作办学，也是推动职业教育国际交流、推动国内外优质职业教育资源互补与共享、提高职业教育质量的重要举措。按照文件要求，2012年2月，在上海和天津率先开展了100个国际化专业教学标准的开发和试点工作，将国际行业标准融入相关专业的教学过程，引导学生掌握国际通行的技术规范、服务规范，增强学生的国际交往能力，逐步建立国际互认的专业教学标准，打造有国际影响力的品牌特色专业。天津市将国际化专业教学标准的开发研制作为国家职业教育改革创新示范区建设的重要内容全面推进，制定了《天津市国际化专业教学标准开发路径》和《天津市编制体例要求》，在首次通过认证的12个专业的基础上，又遴选了38个紧贴现代制造业、战略新兴产业、现代服务业等重点领域的专业，从专业的培养目标、课程体系、教学资源配置、教学模式与方法、教学评价与管理、职业资格证书考取、就业和可持续发展7个方面进行研究和实践。只有对标国际标准，积极参与国际标准的制定，才能在职业教育标准国际化进程中获得主动权。

**2. 构建全方位、多维度、广渠道的立体化宣传格局，对外展示及输出中国职业教育标准及发展成果**

开展中外合作办学、参与世界教育大会和校长论坛、主办职业教育和人文交流活动等多元国际合作实践载体，增进对"一带一路"沿线国家职业教育标准、制度、需求等方面的了解，开展职业教育领域的务实合作，推动以职业教育标准为代表的成果输出。

提升中国认证认可的国际影响力，充分发挥认证认可在参与国际治理、便利经贸交往等方面的作用。一是要深化合作机制。主动对接《国际产能与装备制造合作重点国别规划》《"一带一路"建设三年滚动计划》，以欧亚经济联盟、海湾合作委员会等为重点，推动"一带一路"认证认可国际合作机制进一步深化。借助行业联络机制和地方协作平台，形成服务"一带一路"建设整体合力。推动合格评定政策沟通、标准协调、制度对接、技术合作和人才交流，加快绿色低碳、跨境电商等新领域互认进程。二是要完善全方位合作格局。积极引入国外先进标准、技术和服务，提高引资引智的质量效益。支持国内机构拓展国际业务，推动更多机构加入国际互认体系，在食品、农产品、消费品、装备制造等领域深化双多边合作互认成果。推动检验检测认证与海外投资、产能合作项目紧密对接，加大支持中国企业"走出去"的力度。三是要提升中国认证认可国际地位。积极参与和主动引领认证认可国际标准、规则制定，向国际社会提供认证认可"中国方案"。积极推动绿色、有机等国内认证制度获得国际互认。办好认证认可官员国际研修班，促进国际政策技术交流，加强对外培训合作。

## 3. 行业领先、影响力大的"走出去"企业带动有条件的职业院校先行出海

广泛开展与"一带一路"沿线国家的合作办学和职业教育培训，以点带面产生集聚和示范效应，实现职业教育标准输出。在境外建立基于中国职业教育标准打造的人才培养基地，中国标准贯穿于人才培养的始终。对境外办学机构或合作院校的人员开展标准解读和培训工作，配套集音视频、图片、文本等数字化资源为一体的在线开放课程，丰富标准进入目的国的形式，筑牢标准"走进、走深、走实"的根基。

此外，积极加入国际职业教育标准研制机构，扩大中国在标准制定领域的话语权。参与教育领域国际标准研讨等活动，发挥院校担任国际教育联盟中方负责人或协调员的作用，对外大力推介中国职业教育标准。

## 4. 组建以研究职业教育"走出去"为核心元素的智库

开展"一带一路"沿线国家的职业教育、法律法规及教育"走出去"的风险防范等研究，为职业教育标准输出提供指导和保障。同时，研究如何发挥教育基础性、先导性的优势，推动沿线各国人民之间的人文交流，促进民心相通。

中国职业教育标准体系要走出国门，应当主动对接国际专业认证标准，鼓励职业院校在国际工程教育互认体系框架内开展国际认证，通过国际性标准互认加强职业教育国际交流和标准信息资源的互补与共享，积极鼓励有关智库、专家加入国际标准组织技术机构并承担有关职务，参与国际组织职业教育公约、规则、标准的研究和制定，在互访、互学、互鉴中逐步适应、制定和改变规则，实现中国特色现代职业教育标准体系的创新与引领。

作为职业教育标准研究的主体，职业院校应明确自身的办学优势与"一带一路"沿线国家和地区的实际需求，开展国家间职业教育各类标准的分析对比研究，借鉴西方国家科学的标准开发方法，总结、提炼出具有普遍性和可复制性的标准要素，提升标准在"一带一路"沿线国家和地区的适用度。做

好标准的多语种文本编译工作，加大"一带一路"沿线国家和地区使用频率较高的阿拉伯语和俄语文本的翻译力度，扩大标准推广使用的受众市场。

**5. 建立职业教育标准输出评价体系**

聚焦标准的建设质量评价和标准输出的认可度评价，重视"走出去"企业和"一带一路"沿线国家和地区相关机构的满意度评价。参照高校中外合作办学质量保障实施意见，研究制定职业教育标准的质量认证和评价方案，由各职业院校自主申请认证，认证结果由教育主管部门采信。

**6. 改革教育激励和评价机制**

将职业教育标准研制等国际化建设相关成果纳入教师的考评体系，给予其职称评聘、经济补贴等优惠政策，激励教师积极参与职业教育国际化建设与推广工作。此外，大力宣传各类职业院校积极推进职业教育标准输出的先进经验和典型案例，营造推进职业教育对外交流合作的良好氛围。

## 二、中苏职业教育标准合作开发的具体内容

### （一）职业教育标准合作开发的必要性

教育标准是一个国家根本的教育规范。推动苏丹职业教育标准体系建设是规范化发展苏丹职业教育的逻辑起点和必由之路。

由于苏丹的国情，职业教育的整体发展水平还不高，没有系统构建职业教育人才培养体系，除了几所与外国合作的学校，其他学校在教学条件等方

面整体上还比较落后。苏丹的职业教育教学以经验教学为主，基本没有教材。恩图曼学校的教师教学没有标准，各个职业学校各唱各的调。苏丹职业院校主要实行师傅带徒弟式教学，重视实践教学，但学生的适应性和可持续发展能力不够。

中方专家团队抵达苏丹后，第一时间了解了恩图曼学校的实际情况：管理还不够规范，教学无标准可言，处于无教材、无人才培养方案、无课程标准、无信息化教学的状态。建立和完善苏丹职业院校的教育教学体系，开发相应的职业教育标准非常必要和迫切。

## （二）中苏职业教育标准合作开发的原则

在中苏职业教育标准合作开发的过程中遵循以下几个原则。

### 1. 先进性

在充分借鉴中国现代职业教育发展中取得的先进经验的基础上，根据中国职业教育领域的相应标准建设苏丹职业教育标准，顺应世界职业教育的发展趋势。

### 2. 适应性

在充分考虑恩图曼学校的条件和苏丹职业教育发展现状的基础上，因地制宜地促进苏丹职业教育规范化发展。

### 3. 前瞻性

在满足现有教学条件和要求的基础上，兼具前瞻意识，紧贴职业教育未来发展趋势，对苏丹职业教育的未来发展有一定的借鉴和指导意义，适合推广和应用。

### 4. 技能性

将职业教育和苏丹行业发展密切结合，着重结合中方专家团队的实际工作经验，以实际操作为主，理论知识为辅，体现了职业教育技能型人才培养的特点。

### 5. 全面性

在全面考虑苏丹职业教育现状的基础上，将宏观指导与微观操作相结合，既加强了教学和专业能力建设，又着眼整体运营管理体系的建立。

## （三）职业教育标准合作开发的过程

职业教育标准合作开发是中苏职业教育合作的核心内容，根据商务部2015年第5号令《对外技术援助项目管理办法（试行）》等相关文件中对技术合作项目职业教育标准的管理和要求，在商务部合作局、中国驻苏丹大使馆经商处、湖南省商务厅、湖南省教育厅的大力支持和指导下，经湘外院与苏丹劳工部职业培训最高委员会的多次沟通和对接，结合中方专家团队的实际工作经验，紧密切合苏丹的实际情况，湘外院联合湖南省商务厅培训中心，组织湖南省职业教育界的各专业专家一同讨论中苏职业教育标准的合作开发与建设。

中苏职业教育标准的合作开发经历了一个酝酿—不断完善—丰富的过程。

### 1. 前期调研

为合作开发好中苏职业教育标准，中方专家团队在苏方各职业院校进行了广泛调研，与苏方职业教育主管单位进行了多次对接，听取了苏丹劳工部职业培训最高委员会的意见，形成《拟完成职业教育标准编制目录》，并着手合作标准的开发工作。前期的开发是在边调研、边研讨、边完善中进行的，培训教学、编制课件与简明教材开发同步进行，对于发现的问题及时进行纠正。为规范编写，湘外院于2017年5月印发了《简明教材编写要求》。为推进开发工作，2017年7月下发了《关于推进职业教育标准建设的通知》。2018年2月印发了《关于加快推进职业教育标准建设的几点意见》，从内容、格式、质量等多方面规范中苏职业教育标准的合作开发，期间各级领导、国内专家、中方专家团队及苏方之间进行了多轮沟通和交流。

**2. 完善方案**

在中苏职业教育标准合作开发的过程中，湘外院党委书记唐瑾和副院长桂诚赴苏丹举行了"中苏友谊基金"启动仪式，于2018年5月前往苏丹进行了项目检查，并对职业教育标准的合作开发与建设进行了全面了解。在此期间，苏丹劳工部职业培训最高委员会组织中方教师团队与苏方举办了"中国·苏丹职业教育标准研讨会"，苏方介绍了苏丹职业教育的短板和职业教育标准方面的不足。研讨会上，湘外院党委书记唐瑾和副院长桂诚、时任苏丹劳工部职业培训最高委员会秘书长穆斯塔法一致表示要增加职业教育标准的开发内容。根据研讨会研讨的结果，中方专家团队起草并完善了职业教育标准建设方案，拟定了146项合作开发职业教育标准。湘外院成立了职业教育标准建设领导小组，组织进行了论证，进一步完善了职业教育标准建设方案，形成了《湘外院职业教育合作标准建设工作方案》。

**3. 邀请专家**

在完善后的方案中，特邀请时任苏丹劳工部职业培训最高委员会秘书长穆斯塔法、中国商务部国际经济合作事务局副局长曾花城、湖南省商务厅副巡视员毛七星、时任湖南省教育厅职成处处长余伟良、湘外院党委书记唐瑾、湘外院院长陈波担任职业教育标准建设的顾问；聘请了湘外院副院长彭铁光教授、副院长铁明太、院党委委员宋小平等分别担任教学管理建设项目组、学生管理建设项目组、师资队伍建设项目组等 7 个小组的组长；聘请了湖南机电职业技术学院汽车维修专业带头人周李洪和汽车电气专业专家胡元波、长沙市望城区职业中等专科学校机械加工专业首席专家戴石辉和焊接技术专业带头人刘智海、长沙市电子工业学校、湖南城建职业技术学院等湖南省优秀职业院校的专业带头人分别担任汽车维修专业项目建设组等 11 个小组的组长，专家选定后，湘外院召集了各小组组长召开了碰头会，进一步推进中苏职业教育标准的合作开发与建设工作。

**4. 任务下发**

中方专家团队根据中苏职业教育合作项目的实施进度和苏方培训学校的现实需求编制的教材、课件、操作规程等职业教育标准，将其初稿发回国内，根据工作方案的具体安排，职业教育标准领导小组办公室将审核和建设任务下发到各位组长，并要求按时间节点保质保量完成。

**5. 专家评审**

在收集各组的建设成果后，为加快推进中苏职业教育标准的合作开发与建设，2018 年 9 月在湘外院学术中心召开了中苏职业教育合作标准开发建设专家评审会，会议由湘外院副院长彭铁光主持，邀请了湘外院肖智清、湖南机电职业技术学院何立志、湖南机电职业技术学院向东、缝纫专业专家李惠平等 7 名专家担任评审专家，标准开发项目组组长参会听取评审意见。在评审过程中，评审专家提出了修改意见，各项目组组长根据评审意见进行沟通和修改，进一步完善了职业教育标准。

**6. 反馈和校正**

在评审会后，评审专家与中方专家团队反馈了评审意见，中方专家团队成员在整理、修改后又征求了苏方职业院校各专业教师的意见，听取了他们的修改建议,再次对职业教育标准进行了修正,在定稿翻译后,最后聘请苏方职业院校各专业教师对每个专业的简明教材、课件等翻译件进行一一校对,以符合阿拉伯语的表达方式。

**7. 审核定稿**

在中方专家团队成员修改后,评审专家和18个小组的组长建立工作微信群,借鉴"楚怡"经验,根据苏丹的发展需要,进一步优化人才培养方案和课程标准的内容。各小组组长组织组员修改简明教程、人才培养方案、课程标准,然后发给评审专家进行审核,在项目现场由中方专家团队组长审核,之后交由职业教育标准建设领导小组办公室统一汇总、定稿。

该项目的职业教育标准建设任务重,持续时间长,成果种类多,在开发期间得到了商务部国际经济合作事务局、湖南省教育厅等上级部门的大力支持,得到了湖南职业教育界的鼎力相助。湘外院的副院长桂诚担任中苏职业教育标准合作开发建设领导小组组长,率领中方教师团队的国内外工作人员进行前期调研、专家邀请、方案制订、任务下发、现场研讨、审核定稿,确保了146项职业教育标准的定稿和最终完成。

## (四)职业教育标准合作开发的成果

自中苏职业教育合作实施以来,经过近2年时间的精心组织和艰苦工作,共计完成146项职业教育标准合作开发,包括苏丹职业教育体系建设规划1项,教学管理、师资队伍建设、学生管理、后勤管理标准化管理制度等31项;中方专家团队根据苏丹职业院校专业的开设现状和发展趋势,开发了计算机应用及维修、电工电子、水道、焊接技术、建筑工程、机械加工、汽车维修、汽车电气、机械维修、妇女发展(含西点工艺、缝纫工艺专业)、财务管理、经贸等专业的人才培养方案13个,课程标准65个,简明教材11部,专业课课件11部，各实训车间操作规程10大类，调研报告及管理技术应用4个。

由于职业教育标准内容比较全面，为了在苏丹应用和推广，湘外院经过甄选，选择了专业的翻译公司负责相应的翻译工作。所有翻译内容完成后，交由印刷厂排版印刷，印制汉语、阿拉伯语版本各一套，印刷完毕后移交恩图曼学校试用，在试用的基础上再进行完善，最终实现在其他职业院校推广使用。

职业教育标准的合作开发在适合苏丹职业教育的基础上，凝聚了中国两国各级部门、湖南省职业教育界专家们的心血。

## 三、中苏职业教育标准合作开发的主要成效

### （一）职业教育标准合作开发理念初步形成

教育理念是一切教育活动的先导和灵魂。合作开发的教育理念是职业教育国际化的前提，因此要从全球、整个国际社会的角度为出发点看待问题。职业院校坚持合作开发的理念和意识，就可以走出一条成功的国际化道路。而培养目标决定了职业教育国际化的发展方向与未来，因而在职业教育的发展过程中，持何种理念、追求何种目标是测评职业教育国际化水平的一个重要标准。对于职业院校来说，学校管理层、专任教师和学生都应具备合作开发的理念，制订合作开发办学的发展方案，设立国际化工作机构，配备专门人员，采用国际化人才培养方案，培养学生的国际化意识和国际化能力。同

时，政府和社会也应和学校一起坚持国际化的意识，营造国际化氛围，才能给职业教育的国际化发展奠定良好的基础。除了具备国际化的教育理念，还应坚持国际化的教育目标。

## （二）苏丹职业教育标准体系初步形成

职业教育标准体系建设对于加快实现职业教育现代化具有重要意义。职业教育标准体系的建设水平是衡量职业教育现代化水平的重要标志，职业教育教学标准体系既是现代职业教育体系不可或缺的组成部分，也是评价技术技能人才培养质量的重要依据。苏丹职业教育标准体系的初步形成，可以发挥"标准"在职业教育人才培养质量内涵提升中的基础性作用，让职业教育的教育教学、职业培训、职业技能等级证书、国家职业资格框架等方面都有标准化的依据可循。

职业教育标准建设领导小组遵循职业教育发展规律，立足当前，着眼长远，以提升整体教学质量为核心，构建了适应现代职业教育发展规律、适合苏丹职业教育发展要求和方向的职业教育标准，建立并完善了适应信息化和全球化对技术技能培养要求的人才培养方案，开发了各专业课程标准，建立了符合苏丹国情和发展要求的课程体系，开发了各专业实训标准，建立了符合技能人才培养要求的校内外实训室和实训基地，完善了苏丹职业教育标准建设方案，明确了岗位要求，优化了职业院校的内部管理，提高了职业院校的管理水平。

# 四、中苏职业教育标准合作开发存在的问题

## （一）中国职业教育标准研究不够，输出不足

长期以来，中国职业教育标准合作开发的活动以引进并借鉴西方职业教育发达国家优质的教学资源、标准和管理经验为主，输出本国成果并被别国认可及采用的较少，呈现出较为明显的单向性特征。首先，虽然近些年中国高职院校输出的专业教学标准、课程标准逐年提升，但多由院校自主申报，并未有国家或省级层面出台的认定规则加以检验、监督。其次，对职业教育标准建设的研究不足，且基本以各院校的具体做法为主，缺乏宏观层面的论述。再次，中国职业教育标准的通用性不强，标准"走出去"面临着多语种文本的问题。最后，中国高职院校在主导或参与制定国际职业教育通行标准、国际资格证书等方面的力度不够，向国际社会宣传并推广中国职业教育发展成果的渠道层次不高，大多是院校个体的、零散的行为，输出效果不明显。[1]

## （二）中国职业教育标准合作开发体系不健全

首先，从澳大利亚、英国等国家的职业教育标准化经验来看，政府利用法律权利和行政能力为相关制度、政策的推行、落实及监督发挥了卓有成效的作用。中国尚未建立国家层面专门的职业教育标准化机构，工作机制和体

---

[1] 汤晓军.提质培优背景下高职教育国际化面临的挑战与发展路径[J].教育与职业,2022(05):61-66.

系尚不健全，国家政策和目标偏向宏观，落实部门分散化，社会参与度不高，缺乏有效的推行制度和执行措施。其次，中国尚未建立起系统、权威、规范的国家职业资格框架，对人才培养职业技能的认定缺乏权威、专业、科学的制度和标准，从而极大地阻碍了职教体系中各个层次教育的顺畅沟通，也阻碍了专业与产业的对接、课程标准与职业标准的对接。专业教学标准和课程标准建设进程滞后，从而使得专业建设、教学管理、教学内容、教学评价等标准的制订、发布、执行、监督没有纳入国家层面监督，课程体系依然走学历教育的老路，缺乏模块化、标准化的设置，职业教育教学没能充分发挥其服务经济、校企融合的特色。最后，职业教师的专业化标准尚未形成，对职业院校教师资质和职业能力的认定、准入、考核机制尚不完善。

### （三）"楚怡"职业教育标准与苏丹接轨速度较慢

职业教育是直接面对劳动力市场培养技术技能人才，职业教育国际化不仅要与国外的教育资源相衔接，也要与劳动力市场相对接，而许多国家已经建立了完善的职业资格制度或国家职业资格框架，劳动力市场也有严格的资格准入条件，因此，中国职业教育要积极探索与更多国外职业教育在文凭、资格证书、课程等方面的合作，促进职业教育资格相互承认，为区域人员的合理有序流动扫清体制机制障碍，逐步建立国际化文凭、资格证书、课程融通体系。

2014年6月，国务院印发的《关于加快发展现代职业教育的决定》中明确提出：职业教育要"积极参与制定职业教育国际标准，开发与国际先进标准对接的专业标准和课程标准"。2013年常州科教城管委会、德国工商大会上海代表处与德国巴符州教育、青年和体育部签署了职业教育合作协议并合作建立了"常州中德教育培训中心"，建立了稳定的常州中德职业教育合作交流平台。① 此外，要积极引进国外培训模式，学习借鉴发达国家在教育模式和职业资格证书方面的先进经验，积极开展课程体系改革，结合工作实际逐步建立具有中国特色、世界水平的现代职业教育模式。

---

① 崔凤娟.江苏省职业院校引进国际通用职业资格证书现状调查与分析[J].机械职业教育，2015(12)：15-18。

第六章

# 中苏职业教育合作人文交流

# 一、讲好中国故事，促进人文交流

## （一）新形势下中外人文交流蓬勃发展

在党中央的领导和部署下，中国将中外人文交流提升为大国外交的三大支柱之一，搭建了中外人文交流的工作体系，为构建人类命运共同体、践行新时代中国特色大国外交走出了新路。中国是世界少有的从国家战略高度谋划人文交流的国家。党的十八大以来，党和国家为中外人文交流进行了重要的顶层谋划。2012年，党的十八大报告提出"扎实推进公共外交和人文交流"，人文交流首次进入中国执政党的最高战略谋划。为做好教育服务"一带一路"建设，近年来国家教育部门出台了一系列推动教育国际化发展的指导性文件，2016年4月，中共中央办公厅、国务院办公厅出台了《关于做好新时期教育对外开放工作的若干意见》（以下简称《意见》），其重要内容是丰富中外人文交流，促进民心相通，包含搭建政府间教育高层磋商、教育领域专业人士务实合作、教师学生友好往来平台，加强人文交流机制建设，打造一批中外人文交流品牌项目，开展国际理解教育，联合开发语言互通共享课程，促进中外语言互通等，将讲好中国故事、传播好中国声音作为教育对外开放的重要内容。为落实《意见》，教育部印发了《推进共建"一带一路"教育行动》，对"一带一路"教育互联互通、人才培训合作等方面提出任务；2017年，党的十九大报告指出"加强中外人文交流，以我为主、兼收并蓄"，进一步为中外人文交流提供了指导思想。2017年7月，习近平总书记主持召开中央全面深

# 第六章
## 中苏职业教育合作人文交流

化改革领导小组第三十七次会议，会议审议通过了《关于加强和改进中外人文交流工作的若干意见》，这是党中央首次针对如何加强和改进中外人文交流工作制定的专门文件，也是党中央在全面深化改革背景下对人文交流工作作出的最富体系性的擘画。放眼世界，从国家战略最高层对人文交流或相关工作作出整体性部署的国家并不多见。2019年2月，中共中央、国务院印发《中国教育现代化2035》，指出职业教育应主动对接，加强与"一带一路"沿线国家和地区之间的职业教育交流与合作。

党的十八大以来，在党中央的领导下，中外人文交流快速发展，呈现出高水平、宽领域、多层次的特点。社会各界积极投身中外人文交流，涵盖教育、科技、文化、卫生、体育、青年、旅游、新闻媒体、地方合作等领域和层面。在教育领域，中美两国实施"千校携手""知行中国"等引领示范性项目；中法两国积极开展百校交流计划、中国法文课程班项目、中法语言助教交流项目等；2019年俄罗斯首次将中文作为外语科目纳入国家统一考试体系，这意味着中文成为继英语、德语、法语、西班牙语后俄罗斯高考外语科目的第五种选考语言。在文化领域，中国与欧盟国家互相参加国际书展并担任主宾国，在欧盟成员国内刊发《习近平谈治国理政》，合拍动画片、纪录片、电视专题片、电影等，开展"中英文化交流年""纪念汤显祖、莎士比亚逝世400周年"系列文化活动和欢乐春节活动等。其中，教育交流是中外人文交流的支柱。在人文交流的各领域中，教育交流是增进理解、塑造认同效果最深入持久的领域。2013年10月21日，习近平总书记在欧美同学会成立100周年庆祝大会上讲话时指出，希望广大留学人员充分发挥自身优势，加强内引外联、牵线搭桥，当好促进中外友好交流的民间大使，多用外国民众听得到、听得懂、听得进的途径和方式，讲述好中国故事，传播好中国声音，让世界对中国多一分理解、多一分支持。

## （二）"一带一路"倡议下的人文交流

### 1. 稳步推进"走出去"战略，加强"一带一路"建设

2013年9月，习近平主席在哈萨克斯坦纳扎尔巴耶夫大学发表重要演讲，首次提出了加强"五通"，采用创新的合作模式，共同建设"丝绸之路经济带"的倡议。同年10月，习近平主席在印度尼西亚国会发表演讲时，提出中国愿同东盟国家发展好海洋合作伙伴关系，加强与东盟国家的互联互通建设，共同建设21世纪"海上丝绸之路"，携手建设更为紧密的中国—东盟命运共同体，实现共同发展、共同繁荣。"一带一路"倡议实施后，惠及65个国家，为中国和苏丹两国人文交流合作可持续发展奠定了良好的基础，开辟出广阔的发展新局面。

人文交流，通常包含人员、思想、文化三个层面的交流合作，它是促进各国人民彼此了解、认识的重要渠道，其目的是实现不同区域文化、价值的互相认同和个性差异文化的协调。人文交流也是国家对外关系中仅次于政治安全、经济贸易的第三大发展动力。但人文交流不同于国家公共外交，它是人与人之间沟通情感和心灵的桥梁，是国与国之间加深理解与信任的纽带，它比政治交流更久远，比经贸交流更深刻，它与其他外交手段相比更具有基础性、先导性、广泛性和持久性。人文交流是由政府和民间共同推动的，其范围广泛、形式多样、对象多元，在对外关系中具有"润物无声"的作用。人文交流是"民心相通"建设的重要内容，也是"一带一路"合作发展的重要保障。

党的十八大以来，以习近平同志为核心的党中央从构建人类命运共同体的哲学高度出发，从服务中华民族伟大复兴全局的奋斗目标出发，从弘扬中华文明"各美其美、美美与共"的文化高度出发，极富创造性地提升了中外

人文交流理念，卓有成效地拓展了中外人文交流工作，为世界各国之间的关系开辟了全新空间，为世界各文明之间的交流提供了强大助力。面对复杂多变的国际局势和世纪疫情，中外人文交流为世界注入了"稳定剂""黏合剂"，也为冷峻的国际关系现实注入了一股富于温情的人文力量。党的十九大报告指出，要推动形成全面开放新格局，推动构建新型国际关系，推动构建人类命运共同体，积极促进"一带一路"国际合作，加强中外人文交流，以我为主、兼收并蓄。党的的十九大报告强调，建设教育强国是中华民族伟大复兴的基础工程，必须把教育事业放在优先位置，加快教育现代化，办好人民满意的教育。

**2. 为构建中非命运共同体奠定坚实的基础**

中非人文交流重在传承中非友好。习近平主席在坦桑尼亚尼雷尔会议中心发表的关于"真实亲诚"的演讲中明确指出，"中国人民和非洲人民有着天然的亲近感"，中非知心"很重要的一点就是要通过深入对话和实际行动获得心与心的共鸣"。由此，"我们要更加重视中非人文交流，增进中非人民的相互了解和认知，厚植中非友好事业的社会基础。中非关系的长期可持续发展，需要一代又一代中非有志青年共同接续奋斗。双方应该积极推动青年交流，使中非友好事业后继有人，永葆青春和活力"。中非天然亲近感的形成，既因相似的历史遭遇，更是在共同应对发展挑战中形成的合作共识。只有着眼于彼此的核心关切和发展需求，不断深化合作，中非友谊的基石才会更加牢固。长期以来，中国注重同非洲国家开展在人力资源开发领域的合作，中国政府设立的"非洲人力资源开发基金""中非智库论坛""中非创新合作中心"，以及实施的"中非智库10+10合作伙伴计划""非洲人才计划""中非联合研究交流计划""头雁计划"等，均有力地推动了中非关系与互利合作不断升级发展。

人文交流旨在深化合作共识。中国和广大非洲国家都有着各自文化的独特性，是世界文明的重要组成部分。基于文化的民族性和不自觉性，中非民众有时会以各自群体的信仰、价值观、风俗习惯、思维方式等研判对方的行为，从而干扰跨文化沟通。因此，扩大人文交流，不仅有助于深化中非合作，也将提升中非在双方合作乃至全球发展问题上的一致性认识，推动双方的共同发展。正如习近平主席在2019年5月召开的"亚洲文明对话大会"上所讲，文明因多样而交流，因交流而互鉴，因互鉴而发展。要实现世界的和平安宁、共同繁荣和开放融通，就需要加强世界上不同国家、不同民族、不同文化的交流互鉴。

2018年6月，习近平总书记在中央外事工作会议上发表重要讲话时强调，中国对外工作要坚持以新时代中国特色社会主义外交思想为指导，统筹国内、国际两个大局，牢牢把握服务民族复兴、促进人类进步这条主线，推动构建人类命运共同体，坚定维护国家主权、安全、发展利益，积极参与引领全球治理体系改革，打造更加完善的全球伙伴关系网络，努力开创中国特色大国外交新局面。

近些年，国际关系、世界秩序、发展范式、生态环境都发生了重大变化。在人类彼此紧密联系、全球性挑战与日俱增、不同思维与理念激烈碰撞的时代背景下，党的十八大报告明确提出要倡导人类命运共同体意识，党的十九大报告将"坚持推动构建人类命运共同体"列入新时代坚持和发展中国特色社会主义的基本方略。

作为习近平新时代中国特色社会主义思想的重要组成部分，以及习近平外交思想的核心理念和新时期中国对外交往工作的重要指导思想，近年来，人类命运共同体理念的内涵和建设路径不断丰富和完善。2020年11月，在上海合作组织成员国元首理事会第二十次会议上，习近平主席提出"促进民心相通，构建人文共同体"的重大倡议，明确提出要构建卫生健康共同体、安全共同体、发展共同体和人文共同体。构建人文共同体是实现民心相通、夯实中外关系发展民意和社会基础的关键，而不断深化中外人文交流，既是构建人文共同体的必要路径，也是构建人类命运共同体的重要支柱。

## （三）中苏人文交流的发展状况

苏丹是阿拉伯国家联盟成员国之一。"中阿合作论坛"于2004年成立，该论坛已构建涵盖政治、经济、文化、教育等诸多领域的合作机制，中国与阿拉伯国家在此基础上开展了多层次的交流与合作。之后，"中阿（10+1）高教合作研讨会""中阿大学校长论坛""中阿高教与科研合作研讨会"等交流平台的建成，使中阿教育合作机制不断走向完善，推动中国与包括苏丹在内的阿拉伯国家联盟各成员国在高教领域展开多层次的密切合作。

中国和苏丹两国关系长期友好，是彼此信任、互利共赢的亲密朋友和战略伙伴。自1959年中国和苏丹建交以来，两国关系持续健康发展，各领域务实合作成果丰硕，尤其在人文领域展开了频繁的交流合作，中国始终把教育合作作为两国人文交流的优先领域，具体涉及医疗卫生、教育、文化、媒体等领域。各领域的发展现状如下。

### 1. 医疗卫生领域

医疗卫生是人们安居乐业的重要保障。苏丹的医疗资源稀缺，医疗技术也相对落后，大量的普通民众在受到疾病威胁时得不到及时有效的救治。有鉴于此，1971年4月，中国开始派遣赴苏丹医疗队（由陕西省卫生厅负责），至2014年时，中国已经向苏丹派遣医疗队31批854人次，辐射面达到了5个州，并赢得了苏丹民众的高度认可，甚至埃及、利比亚、埃塞俄比亚等苏丹周边国家的民众也来到援苏丹医疗队就诊。当前，中国对苏丹的医疗援助，已不仅局限于医疗队的派遣，在公共医院建设方面同样成绩斐然。1995年，由中国政府援建、象征中苏两国友好的苏丹恩图曼友谊医院落成；2014年，另一援建医院达马津中苏友谊医院正式接诊，该院的总建筑面积达5 850平方米，拥有 88 张床位，由门诊楼和住院楼两栋三层楼房组成，也成为达马津市的地标性建筑。

## 2. 教育领域

中苏两国教育领域的交流合作是中苏人文交流中优先发展的领域之一。中苏两国教育领域的交流合作能够推广语言学习、提高双方教育竞争力、带动地方旅游业发展、助力地方就业发展等。中苏两国智力资源的互学互鉴对于推动双方社会经济发展至关重要。其中，语言学习的交流合作是中苏两国教育合作的先导，高校合作办学和其他形式的教育合作推动了中苏教育合作。随着苏丹汉语学习群体的年龄范围逐渐扩大，汉语学习机构和学校招生范围也逐渐扩大。苏丹的汉语学习群体从学龄儿童到高校大学生再到业余爱好者，分布广泛。苏丹的高校学生和社会从业者可以根据市场大环境和实际应用出发学习汉语，为职业生涯增加更多可能性。2009 年喀土穆大学孔子学院正式启动，目前已取得了丰硕的人文交流成果。受中国文化日益浓烈的影响，作为苏丹最知名的高校，喀土穆大学中文系吸引了全国考试分数最高的学生，目前的中文系有 300 名学生，是其外文学院中学生最多的专业。喀土穆大学孔子学院除自身教学外，又先后在苏丹卡拉里大学、巴哈利学院、红海大学设立中文系作为教学点，每年培训苏丹汉语学员 2 000 余人次。时任苏丹高教和科研部部长苏梅娅在 2014 年访华期间肯定了孔子学院的汉语教学及中国文化推广的积极意义，并认为此举有助于拉近苏丹和中国的距离。在中非合作论坛框架下的"中非高校 20+20 合作计划"中，苏丹喀土穆大学与中国扬州大学被确立为合作院校，两所高校在人文、工程、农业等各学科领域展开了一对一的校际合作。此外，上海外国语大学中东研究所、浙江师范大学非洲研究院等国内高校智库也和苏丹高校及学者有着较为密切的联系。

## 3. 文艺领域

文艺交流中最为成功的案例，当属被苏丹民众称为"苏中友谊之花"的苏

# 第六章
中苏职业教育合作人文交流

丹杂技团的培育。1971年，根据中国和苏丹两国政府于1970年签订的《中华人民共和国政府和苏丹民主共和国政府文化和科学职业教育合作协定》，苏丹首批50名杂技学员来到中国武汉学习杂技和民乐。1974年，苏丹总统尼迈里观看了苏丹杂技团在其国内的首次演出。1978年初，苏丹杂技团招收了第二批22名学员，并于1978年12月底来到中国学习。随着中苏两国文化协定执行计划不断续签，苏丹杂技学员的培养及中苏杂技艺术的交流也逐渐常规化。他们学成归国后组建的苏丹杂技团，成为阿拉伯世界和非洲大陆第一个杂技团。50多年来，苏丹杂技团推动中国文化热在苏丹经久不衰。当前，苏丹杂技团已经是苏丹最大的全日制国家文艺团体，并曾先后随总统出访或单独访问了埃塞俄比亚、乌干达、肯尼亚、科威特和阿联酋等国家，在苏丹重要的传统节日，其国内民众也可以欣赏到杂技团的表演。苏丹人热爱杂技，将苏丹的杂技艺术视作民族的骄傲、国家的光荣。

## 4．媒体领域

中苏广播电视合作是两国人文交流的重要内容，包括苏丹国家电视台在内的苏丹媒体，在促进两国文明互鉴、民心相通方面发挥着重要作用。中国将在"一带一路"、中非合作论坛、中阿合作论坛框架下进一步加强两国在广播电视领域的交流合作，积极开展媒体从业人员培训、电视节目联合制作、互播联播等。中国驻苏丹大使馆也将一如既往地向苏丹国家广播电视总局和国家电视台提供力所能及的支持和帮助。苏方高度评价中苏战略伙伴关系，感谢中国驻苏丹使馆的大力支持和帮助，表示中苏媒体合作惠及两国人民，是增进相互了解的重要平台，苏丹国家广播电视总局将进一步借鉴中国广播电视行业的先进技术经验，提高苏丹国家电视台的节目质量和制作水平，加强同中方在媒体从业人员培训方面的合作，推动中苏媒体合作迈上新台阶，为中苏关系发展作出更大贡献。

此外，以友好城市为依托的人文交流对于中苏民意基础的奠定也起到了积极的作用。武汉市与苏丹喀土穆市在 1995 年成为友好城市，2009 年，武汉飞往喀土穆的航班开通，2013 年，喀土穆市副市长访问武汉市，并希望深化两座城市之间的联系。2013 年，宁夏回族自治区与苏丹杰济拉州缔结为友好区州，2015 年，杰济拉州教育代表团访问宁夏回族自治区，与宁夏回族自治区的相关教育机构建立了合作关系，杰济拉州大学校长表示将会全力推动苏丹与宁夏回族自治区在教育等领域的合作。

中国和苏丹双方都是拥有悠久历史和优秀民族文化的文明古国，两国传统友谊深厚，人文交流异彩纷呈、深入人心，为中苏关系发展和各领域友好合作奠定了坚实的民意基础。在双方共同努力下，打造了有"中苏友谊之花"之称的苏丹杂技团、苏丹百姓家喻户晓的喀土穆大学孔子学院、被誉为中苏友好"名片"的中苏友谊厅等一系列经典合作项目。中苏教育合作成果丰硕，中国已成为苏丹学生留学深造的首选国家之一，学成回国的苏丹留华学生遍布苏丹各行各业，成为苏丹经济社会发展的中坚力量。苏丹人民对中国的悠久历史和传统文化充满认同与渴望。

人文交流的根本在于文化的互动，对对方国家历史、文化、语言的学习和掌握，可以推动双方在文化领域的学习和互鉴，促进各自文化的生长和创新的发展。中苏双方应互相吸收对方的优秀文化成果，以促进各自民族文化的创新发展和世界文化的繁荣。进一步深化两国人文交流合作，开展多种形式的民间、文化和艺术交流，为中苏战略伙伴关系不断增添新内涵。苏方应在文化艺术等领域与中方开展形式多样的合作交流，培养更多传承中苏友谊的使者，为中苏关系开辟更加美好的未来。中方应提高苏丹学生对中华优秀文化、中国特色的认同感，为讲好中国故事，传播好中国声音，向世界展现真实、立体、全面的中国，提升中国文化软实力发挥积极作用。

一是积极落实中共中央办公厅、国务院办公厅发布的《关于加强和改进中外人文交流工作的若干意见》的具体举措，丰富中外人文交流内涵和打造中外人文交流品牌；二是加快教育对外开放方面的探索，积累职业教育"走出去"的经验；三是进一步落实好全国教育大会精神，提高教育质量，实现教育现代化；四是服务中高等职业院校"走出去"，实现高水平职业教育对外开放，以开放促发展；五是依托高职教育资源，为有关行业企业国内外发展提供人文交流指导、人才支撑与技术支持，通过校企携手"走出去"，服务"一带一路"建设。

在当前复杂的国际形势下，人文交流是人与人之间沟通情感和心灵的桥梁，是国与国之间加深理解与信任的纽带。与其他对外交流方式相比，人文交流更具有基础性、广泛性、先导性和持久性。中苏人文交流源远流长，加强两国人文交流，积极开展文明对话，通过互学互鉴增进相互了解与合作，能够不断加深两国人民的传统友谊，有助于中苏两国民心相通，也有利于提升中国的国际认同，提高中国的国际影响力，彰显中国在"一带一路"倡议和构建人类命运共同体理念下的大国担当，推动中国到2035年建成文化强国。中苏人文交流合作新格局的构筑也将助推中苏人文共同体的打造，促进互信、互利、互惠、团结协作的中苏战略合作伙伴关系提质升级，实现中苏命运共同体构建。

## 二、中苏职业教育人文交流的主要做法

### （一）来华培训体验中华文化，讲好中国故事

2016年9月至11月，湘外院分批邀请苏丹劳工部职业培训最高委员会

官员及14所职业院校的教师共101人,分成5个班开展培训学习。培训班分为专题讲座、专业实践、参观考察、文化体验和专题研讨等多个模块。苏丹职业教育管理研修班、妇女发展专业教师培训班、机械加工及维修专业教师培训班、建筑类专业教师培训班和电工电子及计算机类专业教师培训班5个培训班都分别邀请了相关领域的专家学者为苏方专业骨干教师和管理人员讲解专业知识,主要通过介绍中国的国情概要、职业教育,以及刺绣、烘焙、陶瓷、机械加工及维修、建筑和电工电子及计算机领域的历史、发展现状及发展模式等,与苏丹学员共享中国发展速度。此外,培训班还安排苏方学员参观考察湖南外国语职业学院、湖南电气职业技术学院、长沙商贸旅游职业技术学院、湖南陶瓷技师学院和桃源县职业中等专业学校等学校,以及沙坪湘绣城、长沙莱乐斯烘焙体验店、长沙罗莎食品公司、湖南机床厂、数控设备厂、湖南建工集团、长沙华自科技股份有限公司等企业。同时,培训班还组织苏方学员们赴广州市、深圳市、上海市和杭州市参观。

针对苏方学员基础较差的情况,湘外院因材施教,有针对性地编制培训方案和教材,选派理论和实操并重的双师型专业教师授课,实物演示和多媒体课件同时运用,教学效果良好;强化实践教学,仪器设备搬到现场培训与学员到实训基地"体验式"操作相结合,企业和职业院校参观相结合,增强培训效果;组织学员参观中国文化古迹、知名企业、先进职业教育基地,让学员体验中华文化,开拓视野;邀请职业教育专家、教授、高级技师与学员开展结对帮扶、座谈会、沙龙等活动,进一步巩固和提高苏方学员所学的知识和技能。

## (二)现场培训传播中华文化,促进人文交流

### 1. 加强团队建设,展示中国工匠精神

向苏丹展示中国工匠精神和精益求精的做事态度。在职业教育合作中,

进一步严格管理,切实加强中方教师团队建设,力争将教师团队打造成团结有力、奉献有为、业务精湛、和谐能战的职业教育合作团队,能吃得苦、耐得烦,传播中国形象和文化,为中国的援外事业作出应有的贡献。中方教师团队在职业教育合作期间扎扎实实、兢兢业业工作,工作思路正确。中方教师团队根据苏方所需开展培训,在职业教育合作中输出中国文化,进行中苏文化融合,担当中国文化的传播者,探索共同发展的路子,取得了可喜的成绩,获得当地政府和人民的信任,传播了"楚怡"职教的工匠精神。这种工匠精神,是"科学严谨、精益求精、追求卓越",是对做事做人的辛勤付出和实事求是。中方教师团队成员凝心聚力,精准分工,密切协作,克服路途遥远、语言不通、气候恶劣、停电、缺油、缺气等困难,以"人人都是国家代言人"的高度责任感,高质量、高标准、严要求,做好各项细节性工作。中国教师的行为示范与榜样力量,极好地诠释了"楚怡"职教的工匠精神,塑造和传播了中国形象,赢得了当地政府和青年人的尊敬和信任。

**2. 推进文化建设,营造良好校园氛围**

为彰显中国形象,传播中国文化,促进中苏友谊,中方教师团队在中苏职业教育合作中加强了文化建设,根据苏丹国情实际,结合苏方培训中心的地域文化、历史沿革、办学条件、教育特色及未来发展进行综合规划,制订了中苏职业教育合作文化建设方案,有针对性地突出中国援助特色、地域特色,全面开展校园文化建设。

一是在生活楼设置中方教师团队文化墙,文化墙主要展示中方教师团队成员在苏丹的工作和生活情况,提升中方教师团队的影响力。中方教师团队各成员甘作中国文化传播的使者,争当深化中苏友谊的桥梁,在工作、生活、学习中加强人文交流,进行友谊互动,增进沟通,促进互信,营造了良好的文化氛围。

二是在校园推广使用汉语、阿拉伯语和英语三种语言的校牌、校训、宣传标语、名人名言牌匾，在恩图曼学校门口设置校园文化宣传栏，宣传栏主要由培训中心简介和校园鸟瞰图组成。对恩图曼学校所有建筑物按功能和专业进行命名挂牌，并制作汉语、阿拉伯语双语标识牌，积极推进校园管理有序化，恩图曼学校形成了具有中苏文化特色的校园文化氛围。

三是广泛应用中国标识。办公室标牌、各实训车间、操作规程等相关载体都使用了中国标识，注入了鲜明的中国元素。文化建设的推进，极大地丰富了职业教育合作的内涵，增加了技术合作的效果，促进了中苏友谊，架起了民心相通的桥梁，是本次职业教育合作的一大亮点。

**3. 开展联谊活动，深化巩固双方友谊**

（1）中方教师团队和苏丹劳工部职业培训最高委员会开展尼罗河畔联谊会。

联谊会通过交流、传唱中苏歌曲、做游戏等各种活动，增进了中苏双方的了解，深化了双方的友谊。在联谊活动之后，苏丹劳工部职业培训最高委员会副秘书长伊思梅尔发表了热情洋溢的讲话，他表示中国政府、中方教师团队对苏丹的帮助和付出苏方民众有目共睹，中苏都是礼仪之邦，可以经常举办一些类似的联谊会，为中苏友谊之桥添砖加瓦，使中苏友谊之树更加枝繁叶茂；同时，他希望与中方的合作不仅仅局限于恩图曼学校，可辐射至其他职业院校；他高度重视前来苏丹指导的中国朋友的生活情况，体现苏丹人民的热忱，让中国专家真正感到宾至如归，从心底里感到苏丹就是中国朋友们的第二故乡。中方教师团队队长表示，非常感谢苏方的热情款待，中方教师团队来到苏丹后，受到了苏方的热烈欢迎，在工作中得到了极大的配合，中苏的友谊源远流长，希望中苏双方能互相学习对方职业教育领域的优秀做法，将中国在职业教育领域取得的成绩和先进理念进行分享，深化双方的合作交流，争取将恩图曼学校建设成一所知名的职业学校，圆满完成职业教育合作任务。

## 第六章
中苏职业教育合作人文交流

（2）共度古尔邦节，促进中苏友谊良好发展。

古尔邦节（俗称"宰牲节"）是伊斯兰教主要节日。苏丹劳工部职业培训最高委员会在这一天送来一只肥壮的羊，现场宰羊，与中方教师团队一起共度节日。节日当天，中方教师团队一行三人前往恩图曼哈里娃古兰经诵读学校进行探望。哈里娃是苏丹专业学习古兰圣训的机构，在苏丹各个省市和地区有数十所分校，恩图曼较为落后分校，学生宿舍及教室的地板全是沙土，完全没有桌椅，学生们坐在沙土上学习、听课，卧沙而眠，就土而睡，其条件之艰辛、经济之拮据远远超出中方教师团队的想象。此次，中方教师团队成员探望恩图曼分校的全校师生，包括部分寄校孤儿，中方教师团队成员以个人名义为学校捐助了一些苏磅。中方教师团队成员与该校教师友好交谈，了解学校及学生近况，并为学生们表演了中国武术，传播了中国文化，同时也扩大了中方教师团队在恩图曼地区的影响力，促进了中苏友谊的良好发展。

（3）喜迎中国国庆，举办中苏"相连相通"联谊会。

在喜迎中国国庆、欢度中秋之际，中方教师团队邀请苏丹劳工部职业培训最高委员会官员及恩图曼学校全体师生，举办了"相连相通"中苏联谊会。中苏双方都精心编排了文艺节目，有魔术表演、互动游戏、诗歌诵读等，展现了中苏两国多元多彩的文化内涵，大家积极参与，场面热烈，传递了友谊，增进了了解。最后苏丹劳工部职业培训最高委员会副秘书长伊斯梅尔发表了热情洋溢的节日致辞，对中方教师团队致以节日的祝贺，对中方教师团队的辛勤付出表示衷心的感谢，希望通过努力，中苏双方能够建立深厚的友谊，取得丰硕的成果。中方教师团队成员们纷纷表示，将把更多的热情投入到工作中，为中苏职业教育合作项目作出更大的贡献。

（4）共迎新春，开展春节联谊活动。

在元旦和春节期间，中方举办了系列活动，欢聚苏丹，共迎新春，弘扬中国文化，丰富项目现场人员的文化生活。系列活动主要有武汉杂技团的苏丹专场演出、喀土穆大学孔子学院的春节联欢晚会、苏丹中国投资企业商会和苏丹中国友好协会共同举办的在苏华人"同心同行"新春联谊会，中方教师团队与中资企业密切合作，共同参与了"同心同行"新春联谊会的筹备工作，并且与恩图曼学校一起准备了节目，节目主持人结合节目表演介绍了恩图曼学校。此外，中方教师团队成员还受邀参观了苏丹总统府，了解了苏丹在历史上与中国的不解之缘。春节假期，中方教师团队还到苏丹港体验了苏丹海边城市不同的生活环境。通过这些活动，中方向更多的苏丹朋友和企业展示了职业教育合作项目的风貌，扩大了在苏丹中国人的朋友圈，加深了在苏丹华人圈的交流与友谊，展现了中国的文化魅力。

（5）共度元宵节，开展"中苏一家亲"联谊活动。

在元宵佳节之时，中方教师团队借着这个中国传统节日与恩图曼学校举办了"中苏一家亲"联谊活动。活动在当地一个公园举行，吸引了当地一些在公园休息娱乐的苏丹人前来共同庆祝。中方教师团队与恩图曼学校职工共度节日，把一颗颗元宵分享给到场的每一位苏丹人，他们尝过汤圆后都纷纷竖起大拇指表示称赞。联谊活动中，中方教师团队烧烤了大量食物供大家享用，边吃边聊，大家都兴致盎然地跳起了苏丹舞蹈，其乐融融。这次联谊活动的举办，进一步增进了中方教师团队与恩图曼学校的联系和友谊。中方教师团队把中国传统节日带进苏丹，展示了其热烈喜庆的民俗意蕴与和睦团圆的文化内涵，促进了中苏文化交流。

**4. 履行大国责任，积极实施"友谊"工程**

（1）举行友好学校缔结仪式。

根据中国和苏丹两国政府的换文规定，湘外院与苏丹开展了职业教育合作。在项目实施过程中，双方深化合作交流，增进了理解，促进了友谊。为助力两国共建"一带一路"行动，湘外院、苏丹恩图曼学校本着友好交流、合作共赢、共同发展的需要，经友好协商，双方一致同意缔结为友好学校，开展战略合作。

（2）举行图书室捐赠仪式。

为丰富恩图曼学校的校园文化，解决恩图曼学校专业书籍短缺问题，在项目实施过程中，湘外院为恩图曼学校捐建了一间图书室。中方教师团队组织恩图曼学校教师对图书进行了广泛的市场调研，各专业的教师在书展现场对各类图书进行了认真挑选。由于苏丹的印刷工业技术落后，成本较高，图书价格昂贵，导致恩图曼学校教师授课无教材，学生基本不发书，建校以来一直未建立自己的图书室。捐赠图书室是一项影响长远的文化工程，能够满足恩图曼学校师生对知识的渴望和对专业书籍的需求。湘外院共为恩图曼学校捐赠纸质图书 2 000 余册，电子图书 7 000 余册，全部为阿拉伯语图书，并采购了书柜、阅读桌椅等，建成了一间略具规模的图书室。

（3）走访调查贫困学生家庭。

中方教师团队成员与恩图曼学校校长一行走访调查了几个贫困学生家庭，了解贫困学生的家庭情况，关切地询问了学生家长的健康状况、家庭收入等情况，并与学生家长对贫困学生本人学习、生活等方面的情况行了交流和沟通，希望他们能积极向上地面对生活上的困难，好好学习、好好生活。这次走访调查把中国人民对非洲人民的爱带到了最需要的地方，为后续建立奖教奖学基金摸清了情况。

（4）建立奖教奖学基金。

湘外院在恩图曼学校隆重举行了"中苏友谊基金"启动仪式。此次"中苏友谊基金"的建立对全体师生是一个鼓励，希望师生良性竞争，不辜负中方的期望，成为中苏合作的典范。借助职业教育合作项目这一平台，湘外院、苏丹恩图曼学校践行"一带一路"倡议，共商共建共享，促进民心相通，共育职业教育人才，谱写了中苏职业教育交流与合作的新篇章。"中苏友谊基金"的设立，旨在表彰恩图曼学校为苏丹职业教育作出突出贡献的教师和奖励品学兼优的学生,能够惠及更多的优秀教师和学生,使中苏友谊更上一个台阶。

## 三、中苏职业教育人文交流的主要成效

其一,通过举办来华培训班,强化中国文化传播,把中国优秀文化展示给苏丹学员,让苏方学员了解了中国的国情和职业教育发展状况,体验了中华文化,开拓了视野,学习了中国先进的职业教育管理和教学经验,扩大了苏方学员对中华文化、中国道路、中国模式的理解认同,使苏方学员成为传播中国文化、促进民心相通、服务"一带一路"建设的桥梁和纽带,提高了中华文化的感召力,让"一带一路"沿线国家和地区深深感受到中国经济发展和职业教育取得的成就。

其二,通过推进校园文化建设,力求将中苏职业教育合作建设成为宣传国家文化软实力的着力点、中国"一带一路"倡议实施的布局点、职业教育合作的闪光点。在文化建设中,注入中国元素,展示良好的校园风貌,着力改变校园文化虚无的现状,以及恩图曼学校节奏较慢、苏丹公司效率不高的情形,以建设优良的校风、教风、学风为核心,以优化校园文化环境为重点,大力培养良好的职业教育合作管理环境,营造积极向上、特色鲜明、整体协调的文化氛围,努力建设尊重科学、崇尚技术、增进友谊的校园文化,使校园环境焕然一新。浓厚的中苏文化特色的校园文化氛围,有效地扩大了恩图曼学校在本地的知名度及影响力,取得了不错的成绩,得到了恩图曼学校领导和师生的高度赞扬。

其三,借助"两大主题活动+示范性教学活动+常态化的中苏节日活动联

谊",以"六种宣传途径+苏丹两场大型活动（喀土穆大学孔子学院年度春节联欢晚会、在苏华人'同心同行'新春联谊会）"为载体，广泛传播了湖湘文化和中华优秀传统文化，扩大了中国的影响力，树立了良好形象。在重大传统节日组织丰富的活动，营造节日气氛，如利用中国春节、端午节、中秋节等传统节日，开展系列文化活动，宣传中华文明，为苏丹青年学生搭建友好交流的桥梁，促进了中苏两国的文化融合，促进了中苏友谊，取得了良好口碑，产生了倍增的效果，有利于构建"民心相通"长效机制。

文明因交流而多彩，因互鉴而丰富，以职业教育国际化为纽带，促进"一带一路"沿线国家和地区民心相通，提升国家文化软实力，需要政府、中外合作院校、合作企业多方推进，探索教育对外交流与合作的有效途径，落地实质性合作项目，以促进与"一带一路"沿线国家和地区互利共赢，协同发展。

第七章

# 中苏职业教育合作本土化人才培养

# 一、本土化人才培养概述

## （一）本土化人才培养的背景

在全球化背景下，中国企业不断加大海外投资，扩大国际经营。在"2018中国500强企业高峰论坛"上，中国企业联合会、中国企业家协会连续第8次向社会发布了"中国跨国公司100大及跨国指数"。我国大企业积极进取，国际化经营继续取得积极进展。2018年中国100大跨国公司的平均跨国指数为15.80%，较2017年提高0.95个百分点；入围门槛、海外资产和海外员工都有所提高。2018年中国跨国公司100大海外资产总额达到87 331亿元，比2017年增长8.11%；2018年中国跨国公司100大海外营业收入达到59 652亿元，比2017年增长17.84%；2018年中国跨国公司100大海外员工总数达到1 297 121人，比2017年增长11.23%。从以上数据可以看出，中国对外投资稳步增长，中国跨国企业在海外的发展也在逐步扩大。

随着国家"一带一路"倡议与"构建人类命运共同体"重大战略的实施，中国企业"走出去"的步伐日益加快，中国企业国际化经营成为常态，越来越多的中资企业走出国门来到非洲，在带动当地经济与社会快速发展的同时，也为当地社会提供了大量的就业岗位，培养了一批本土化的专业与管理人才，有效履行了中国企业的社会责任，有力促进了当地雇员自我价值实现与企业可持续发展的和谐统一。

然而，在中国企业海外投资发展的过程中，人才短缺正日益成为制约中国企业发展的一个重要因素。《"一带一路"沿线中国民营企业现状调查研究报告》(2019年)显示,人才瓶颈已成为制约"一带一路"沿线中资企业发展不可忽视的短板,造成该短板出现的一个重要原因是当地员工的时间观念不强、中文水平和语言沟通能力不过关、技术技能不高,跨文化管理面临诸多挑战。在推进企业人力资源管理本土化的过程中,往往难以与企业的经营战略目标匹配,导致本土化工作效果欠佳。人才本土化是中资企业在"一带一路"沿线国家长久生存的保障。[1]

跨文化人力资源管理是指企业在国际化经营中对来自不同文化背景、具有文化差异的人力资源进行获取、融合、保持、培训、开发和调整等一系列的管理活动和管理过程。跨文化管理需要在不同的文化环境中最合理地配置企业资源,特别是最大限度地挖掘和利用企业人力资源的潜力和价值,从而为企业创造最大的价值。研究发现,中国跨国企业在海外人力资源本土化方面存在对企业的文化建设重视不够、本土化意识淡薄、高素质人才缺乏、绩效考核和薪酬配置不合理等问题。[2]中国企业在海外投资过程中也会面临政治风险、社区抵抗、NGO质疑、劳动问题等。[3]

## (二)本土化人才培养的动因

### 1."走出去"企业渴求本土化技术技能人才

"一带一路"倡议已经成为当今世界规模较大的合作平台,也是较受欢迎的公共产品。中国企业是"一带一路"建设的实施主体和中坚力量,但企业"走出去"主要集中在发展中国家,不少国家的经济发展水平相对较低,职业

---

[1] 莫敏,贾湘柳,熊文熙."双主体六融合"国际教育模式在装备制造本土化人才培养中的应用研究[J].长沙民政职业技术学院学报,2021,28(03):90-92.
[2] 叶贝,宗心泉.中国跨国公司海外人力资源本土化战略研究[J].商场现代化,2019(5):86-87.
[3] 朱鹤,何帆.中国企业走出去的新挑战[J].中国金融,2018(19):66-68.

教育基础比较薄弱，劳动力素质和受教育程度偏低，"走出去"企业经常面临招不到合适的技术技能人才的挑战。中资企业在经营过程中明显感到中方员工和本土员工之间存在沟通障碍，不但增加了沟通成本，还影响了工作效率。人才本土化是中国企业在"一带一路"沿线国家和地区长久生存的根本，"走出去"企业寻求传统合作伙伴——国内高职院校的支援，校企在本土化技术技能人才培养等方面结成更为紧密的合作关系。在苏丹开展本土化人才培养，概括起来有以下几方面的好处：一是本土化人才培养可以带来经济效应，如降低用人成本，降低经营成本，降低人力资源工作的难度和人力部门成本等；二是本土化人才培养能带来社会效应，如履行社会责任，为当地培养合格的专业人才，有助于树立本地企业形象；三是规避文化冲突，解决中国籍员工不愿久驻海外的问题，等等。

**2. 职业院校培养本土化技术技能人才的独特优势**

对于"一带一路"部分沿线国家和地区的学生来说，能在当地中国企业就业，便能接触到新的技术，获得较高的收入。但进入中国企业就业，要有胜任岗位的技能是摆在他们面前的一道坎，这也成为他们外出求学的强大"推力"。此外，中国稳定良好的政治经济态势、不断提升的综合国力、对国际学生的政策支持，都对他们产生了强大的"拉力"，促使越来越多"一带一路"沿线国家和地区的学生来华进行技能学习。

长期以来，职业院校坚持以就业为导向，紧贴行业、企业需求办学，校企合作久、教育资源厚、服务成效好，在为"走出去"企业提供技术技能人才支撑方面具有得天独厚的优势。具体而言，一是职业院校的专业覆盖了国民经济发展的各行各业，可以为"走出去"企业持续提供高素质的技术技能人才支撑；二是职业院校"双师型"师资队伍、理实一体化的专业课程体系、生产性实训基地等丰富的软硬件资源，可以充分满足"走出去"企业的定制化人才培养培训要求；三是职业院校有服务国家战略、服务企业需求、服务学生发展的自觉。在"走出去"企业有需要、来华留学的国际学生有期盼的背景下，高职院校携手"走出去"企业共同培养既了解中国国情、能用汉语沟通，又熟悉本土社情风俗、掌握技术技能的本土化人才，成为当然之举。

## （三）本土化人才培养的发展现状

中国企业想要在"一带一路"沿线国家长久生存，实施本土化经营策略是最为有效的方法，而人才本土化则是根本之策略。

### 1. 本土化高素质技术技能人才需求大

企业通过实施人才本土化策略，可以减少由文化背景、语言思维等因素所引起的文化冲突，有效地利用本地职员在东道国的各种人际关系，顺利打开东道国市场，拓宽营销渠道，从而达到降低交易费用和信息成本的目的。然而，本土化用工难一直桎梏着中国跨国企业国际化业务的开展，"一带一路"倡议的提出使得大量企业纷纷走出国门，到国外寻求新的发展机会，也使得这一问题变得更为明显。

领英智库 2016 年的调查显示，72%拥有海外分支的国有企业依然以人员外派为主要的人才任用方式，另外 28%的企业则主要采用海外招聘的方式。在海外市场的人才获得方面的挑战主要为：薪酬福利竞争力不足（42%）、缺乏合适的候选人招聘渠道（36%）、雇主品牌吸引力不足（34%）、对当地法律法规了解不足（34%）、目标候选人对中国企业不了解或不感兴趣（32%）。2017 年发布的《中国 500 强企业发展报告》显示，中国"走出去"的跨国企业的海外员工数仅占 7.64%，该年度全球跨国公司海外员工的平均占比为57.38%，发展中经济体海外员工占比为 32.67%，中国跨国企业海外员工的平均比例低于世界平均水平。[①] 从数据分析中可以看出，跨国企业更愿意在当地选拔高素质技术技能人才，因为这样做能降低用工成本，提高人力资本的使用效率。

**2. 人才本土化方式依然停留在初级阶段**

本地招聘是跨国企业国际化发展初期所采用的重要人才任用方式。随着国际化水平的提高，企业往往会采取更为切实高效的人才开发方法以吸引本土人才，如GE、强生等国际知名企业所采用的管理培训生项目、高校奖学金项目等，这些本土化人才开发的策略较为有效地培养和留用当地的学生，提高了本土人才比例，在国外树立了良好的社会形象。相比之下，中国企业在本土化人才开发方面依然处于较为初级的阶段，主要采用的方法包括：内部实践锻炼（32%）、内部组织语言培训（22%）、员工自学（16%）等。"教练式"培训方式是中国企业在国际人力资源管理方面所积累的成功经验，如中国电力建设集团所采用的"一帮一"和在国内设置内训机构的方式，中国铁建开设的本土化人才培训课程等，普遍的做法是利用公司内部的技术和管理人员对当地人员进行培训和教育，进而培养出符合要求的人才。

这些方法虽然可以获得本土人才，但是周期较长、人员学成后的离职风险大。"一带一路"沿线国家之间的国情、政策差异明显，中国"走出去"企业能否长久地在当地生存下去，在很大程度上取决于是否具有既了解沿线国情又充分了解"一带一路"倡议的高端人才，高端人才队伍的重要性甚至超过了技术和资金。传统的"教练式"人才培养模式只能培养出技术工人和基层管理者，无法为企业培养出优秀的工程师和高层管理者，只是解决短期人力资源短缺问题的"权宜之计"，而不能作为长期的人力资源战略。

---

[①] 张春胜，王朝晖. "一带一路"倡议下中国跨国企业本土化人才开发:基于来华留学生视角[J]. 科技与经济,2018,31(04):86-90.

### (四)本土化人才培养存在的问题

苏丹是目前世界上最贫穷的国家之一。据统计，40%的苏丹人民生活在每天生活费1.9美元的贫困线之下。苏丹普遍缺乏工业基础，民众受教育程度偏低，高等教育资源匮乏。苏丹拥有专业背景的大学本科和高等专科院校较少，每年大学、大专、中专学历毕业生严重不足，当地人力资源市场很难找到拥有专业背景的优秀人才。另外，许多中资企业往往由于时间仓促，刚刚走出国门，未来得及做好人力资源本土化的顶层制度设计。同时受中国传统文化的影响，中国雇员一般比较含蓄内敛，在工作中主动与当地人沟通交流的意识不强，这同样也成为中资企业推进人力资源本土化的一个障碍。

目前，苏丹的人口结构非常年轻，14岁以下的人口占苏丹总人口的40%。这些人年轻力壮，如果没有就业机会，将会成为社会不稳定的因素，但如果能为其提供有效的培训，使他们成为专业的人力资源，就可以成为企业在本地市场快速发展的有力助推。因此，中资企业需要在进入苏丹市场前，认真做好当地人力资源现状的分析与研究，综合考虑各方面的因素，重视当地市场的人力资源本土化制度设计，并有效执行，以规避未来可能遇到的各种挑战。

## 二、中苏职业教育合作本土化人才培养的主要做法

为践行"一带一路"倡议，解决本土化技术技能人才培养难的困境，必须加强对中资企业需求人才的调研，通过资源整合、协同发展，政行企校多元

联动、资源共享、优势互补，推进技术技能人才培养与产业转型升级衔接配套，促进教育链与产业链有机融合，形成技术技能人才培养本土化的长效机制，服务中国技术、中国企业"走出去"战略，助力中资企业持续发力，为中资企业提供符合需求的本土化人才。具体做法主要如下。

## （一）营造多元文化育人环境，将"楚怡"精神和湖湘文化融入教育教学管理各个环节

"楚怡"是百年前就已形成的中国职教品牌，是湘式职教的发源和先驱，传承"楚怡"职教精神，传播湖湘文化，扩大"楚怡"职教品牌的国际影响力，是湖南职教界当仁不让的责任和义务。在职业教育教学中融入湖湘文化，体现了传统文化精髓与时代精神的融合，有利于促进职业教育的高水平、高质量发展。将湖湘文化融入职业教育教学中，体现了文化育人的教育理念，有利于提高职业教育水平，提升职业院校学生的综合素养，实现人才培养目标，全面提升区域文化软实力，促进经济社会文化的协调统一发展。

湖湘文化是独具湖南本土特色的优秀文化，包括爱国忧民的情怀、经世致用的学风、兼容并蓄的气概及敢为人先的勇气，是中华优秀传统文化的重要组成部分，是历久弥新的文化经典，将湖湘文化融入职业教育教学之中有着现实的必要性。要体现出湖湘文化的特色，优化苏丹职业教育教学，需要采取针对性的措施，通过营造校园文化环境、丰富教学内容、创新教学方法、完善教育机制，将湖湘文化的精髓融入苏丹职业教育体系之中，发挥出湖湘文化的引导作用，推动苏丹职业教育水平更上一层楼，为社会发展进步培养优秀的应用型、复合型人才。

将湖湘文化融入职业教育教学中，目的是营造良好的文化环境，体现对学生技术技能培养与人文素养提升的关注与重视。在当前激烈的市场竞争环境中，恩图曼学校培养的学生要在人才市场上立足，要成为苏丹社会发展的重要力量，不仅要有专业的职业技能，而且要有良好的道德素养、积极向上

的职业态度和较高的综合素质。将湖湘文化融入苏丹职业教育教学之中，使整个职业教育体系有了文化的支撑和良好的人文环境，能够对恩图曼学校的学生形成潜移默化的熏陶与影响。湖南在历史上曾是一片蛮荒之地，一代代湖南人在湖湘文化的熏陶下，不怕吃苦，勇于开拓进取，才取得了今天的发展成绩。将湖湘文化融入职业教育中，在恩图曼学校营造人才培养的良好校园文化氛围，发挥湖湘文化的引领价值，奠定思想根基，有利于职业教育事业的长远发展。

中方教师团队在恩图曼学校开展了中国国情公开课，通过向学生介绍中国的基本情况，在培训中融入中国"楚怡"职业教育文化和理念，发挥湖湘文化在职业教育改革及发展中的优势与作用，完善职业教育教学机制，加深苏丹青年学生对中国的了解和向往，使学生感受湖湘文化的魅力。与苏丹恩图曼学校就学校的教务管理开展对接会，通过适当的方法和途径逐步将中国的"楚怡"职业教育教学管理先进理念和方法引入恩图曼学校，将技术合作的工作内容与中国文化、"楚怡"职业教育标准和理念相结合，并结合苏丹职业教育的实际情况进行有针对性的"传帮带"指导，为优化和完善恩图曼学校学生事务管理做好基础工作，促进恩图曼学校教务管理正规化、有序化。目前，中方教师团队对恩图曼学校行政管理人员在教务、学生、后勤管理上多次提出改进建议，并对他们进行计算机应用知识的培训，在学生管理、物资管理方面开发信息管理程序，进行规范化管理，管理渐进改变，管理能力提升效果明显。

此外，中方教师团队多次与恩图曼学校及其他4所苏丹职业学校的管理人员和教师、苏丹劳工部职业培训最高委员会及相关机构官员以讲座、研讨、合作研究等形式，交流中国"楚怡"职业教育管理经验，介绍中国"楚怡"职业教育先进做法，推进现代职业教育管理方法和手段的应用，推动具有中苏两国特点的现代职业教育管理理念落地生根。中方教师团队与苏丹劳工部职业培训最高委员会总秘书处交流和沟通建设苏丹全国职业教育评价和职业标准体系的意见和建议，以促进苏丹职业教育体系的完备。

## （二）与中资企业深度合作，精准对接企业需求培养人才

中国企业存在国际化发展起步晚、国际人才任用经验不足等问题，只有校企合作才是高职院校目前最为有效的人才培养途径，具体做法如下。

### 1. 改革内部管理，主动适应校企合作

建立校企合作保障机制，改革学校内部运行制度是深化校企合作的重要保障。一是对接产业，建立专业动态调整制度，实现重点特色专业群与区域重点产业对接融合；二是经过充分调查论证，对原有的重复开设的专业或相近专业进行整合归并，停办不适于苏丹区域产业发展需要的专业，依据苏丹区域新兴产业申报新专业；三是制定《校企实习基地共建管理办法》《学生顶岗实习管理制度》《订单培养管理办法》和《校企专业共建管理办法》等有利于促进校企合作的产教融合建设相关制度办法，明确了校企合作过程中利益体间的责、权、利，保证了校企合作的可持续性。

### 2. 依托中资企业，建立校企合作机制

紧紧依托中资企业，构建了中非校企合作育人模式；共享中资企业资源，推动苏丹当地企业、中国商会、中资企业参与职业院校人才培养方案制订、利用其场地和设备设施开展实践教学、为实习实训提供实习场所，深度参与技术技能人才培养，优先向中资企业输送人才；建立职业教育与产业、企业合作的协调机制；统筹规划企业支持校企合作的社会责任，形成职业院校与行业对话制度；建立职业教育与产业体系建设同步规划机制，在产业优化升级进程中，建立与之配套的人才培养系统，逐步形成产业规模扩张和企业发

展与技术技能人才培养同步的产业发展规划；推进社会参与，举办职业教育；完善企业职业教育和职工培训制度，鼓励支持行业、企业直接或参与举办职业教育，发挥企业办学主体作用；强化校企协同育人，落实企业接收职业院校学生顶岗实习和教师实践锻炼的责任；支持企业与职业院校共建共享兼具生产与教学功能的公共实训基地，开展多种形式的项目合作。

**3. 深化产教融合，促进校企协同发展**

产教融合、多主体协同是该项工作的主题。中方教师团队根据现代职业教育的基本原则和规律，按计划、分步骤、系统性地开发与技术合作相关的教学成果，联系相关企业参与，利用对外交流与合作平台等，以简驭繁，举一反三，固化教学成果，确保教学成果的系统性与连贯性。

充分发挥校企双方的优势，发挥"楚怡"职业教育为社会、行业、企业服务的功能，服务国家"一带一路"倡议，为中资企业培养本土化、高素质、高技能的应用型人才，同时也为恩图曼学校学生实习、实训、就业提供更大空间。本着以服务为宗旨、以就业为导向的思想，中方教师团队分别与苏丹中国投资商会贺云富会长及苏丹中资矿业协会孙军波会长就校企合作事宜进行协商，就人才培养、员工培训、实习就业等达成共识，以加快推进校企合作。

矿业是苏丹经济的战略性产业，但是相关的技能技术型人才极度缺乏。项目团队经过前期走访中资企业，并听取苏丹劳工部职业培训最高委员会的意见，积极促进在恩图曼学校开展矿业方面的相关培训。中方教师团队邀请山东烟台金鹏矿业机械有限公司参观恩图曼学校，并就增开采矿、选矿、化验三个专业培训班一事展开讨论，在符合苏丹各项政策制度的前提下，努力推进校企合作事宜，为苏丹政府、企业培养更多高素质、高技能的矿业应用型人才，同时也为恩图曼学校学生实习、实训、就业提供更大空间。

中方教师团队积极响应关于推进校企合作的号召，深入市场调研。数控机床专业专家联系到上海汇博铁路水泥轨枕及配件制造厂，组织中方教师团队参观了汇博工厂，就校企合作具体方向进行深入探讨。探讨将恩图曼学校的学生输送至该企业工厂实习或工作，该企业相关业务可以利用恩图曼学校现有设备及场地进行加工生产，增加了学生实训的机会，实现了合作共赢。

### 4. 积极增设专业，协调发展职教结构

一是大力开展职业培训。在各类职业学校、培训机构开展实用技术技能培训，使学习者特别是青年学生获得一技之长，具备技术含量低的行业初始工作技能。

二是巩固中等职业教育发展水平。在现有建筑施工、汽车维修、机械加工、机械维修、焊接技术、家具制造、电子电工专业的基础上，扩大专业开设门类，增加餐饮管理与服务、食品、包装印刷、纺织服装、农业技术、建筑设计、建筑设备、工程管理、市政工程、机械设计制造、市场营销、工商管理、财务会计等专业。各职业院校差别化开设专业，避免同质化，以满足相关行业的人才需求。

三是试点发展高等职业教育。根据产业布局与发展趋势，引导职业院校结合新技术、新业态积极增设新专业，开设生物技术、化工技术、材料、食品药品管理、能源、机械设计制造、自动化、机电设备、汽车、计算机、通信、采矿等专业，以适应苏丹经济社会发展对相应的人才需求。

### 5. 立足现实需求，探索本土化人才培养模式

面对"一带一路"沿线国家和地区的人力资源、职业教育及产业发展现状，立足服务国家教育对外开放战略，顺应国际产能合作趋势，聚焦"走出去"企业的现实需求，构建"德技并修、就业导向、校企育人"的人才培养模式。

（1）校企共选本土生源。

学校与"走出去"企业建立联合招生机制，共同制订并落实一体化招工招

生就业方案，共同制定并推广招生（招工）资格标准，共同选拔目的国的本土生源。校企通过签订协议，明确学生（员工）的双重身份及各方权益。

（2）校企共商人才标准。

学校与"走出去"企业共同制定人才标准，同时融入"走出去"企业对本土化人才职业素养、职业技能和岗位职责等方面的要求，以培养"德技并修"的本土化技术技能型人才为目标，双方共同商订专业人才培养方案、课程标准、实习标准、毕业标准等，共同制定"双师型"师资标准。

（3）校企共建课程体系。

基于"走出去"企业对国际学生软素养与硬技能需求的深入分析，校企共同构建了"中文+职业技能"课程体系。

（4）校企共创师资团队。

由于"走出去"企业对本土化技术技能型人才的迫切需求，国际学生的培养主要面向生产、建设、管理、服务一线等，因此对师资的实践水平提出了更高的要求。校企双方通过签订专业共建协议或校企"双师"共育协议等，明确职责，各自选派优秀的业内专家、能工巧匠、骨干教师等担任公共基础课、汉语课、专业课教师。校内专任教师和企业兼职兼课教师组成"混编式"课程团队，共同承担校内外专业课程和实践实训课程的教学工作。

（5）校企共评培养质量。

企业作为本土化技术技能型人才的需求方，全程参与了人才培养，对本土化技术技能型人才的培养质量有着较为全面的了解和把握。在人才培养方案中明确要求，在学习阶段，校企均应对国际学生的学习情况和成效进行过程性监督和结果性评价，双方均有权选派督导对教学质量进行监控和反馈；在就业阶段，企业应将员工的职业素养、岗位适应情况、工作业绩等信息及时反馈给学校，而学校应将毕业生对企业的满意度、个人发展意愿等信息及时反馈给企业。通过相互沟通，信息得到及时反馈，人才培养质量得到有效提升。

（6）校企共享教育成果。

校企双方协同开展跨国本土化人才培养，实现了互惠共赢。"走出去"企业通过本土化人才培养有效解决了在境外"招工难"的问题，降低了企业用工成本，有利于其长远发展。学校在为"走出去"企业提供人才支撑的同时，积累了跨国人才培养的经验，推进了自身的国际化进程，增强了职业教育的适应性，提升了职业院校的国际影响力和美誉度。而校企双方共同为国际学生赋能，让他们成为不仅拥有一技之长，而且具有跨文化思维和"桥梁"作用的跨境人才。

### 6. 适应行业发展，完善人才培养模式

根据市场需求变化，适时调整和完善人才培养模式，以适应产业发展和新业态的产生，改变目前单一的"2+1"和"1+4"人才培养模式（"2+1"即2年在校学习，1年在企业实习；"1+4"即1周上1天理论课，上4天实训课）。中等职业技术人才培养，技术技能复杂程度处于中等，且对理论知识要求较低，淡化理论，突出实践，课程以技能模块课程为主，采用学徒制、现场教学、项目教学、仿真教学、工作过程导向教学；中高贯通培养，技术技能复杂程度高，对理论知识要求达到较高水平，适合采用3年以上的长学制培养（如"中职起点3+2"；5年一贯制），课程包括综合技术模块课程和技能模块课程，进行一体化设计；社会培训，要么技术技能复杂程度及对理论知识要求均低，要么技术技能复杂程度高但学生报考意愿低，要么技能要求不高但技能复合程度高，突出实际操作技能，通过培训尽快上岗。

### 7. 优化布局结构，建设人才培养基地

根据产业发展需求，进一步优化职业院校布局，鼓励特色办学。在经济社会发展有需求、办学有实力、专业设置有空白的职业院校中，选择若干所试办高等职业教育，填补苏丹高等职业教育的空白。结合职业院校办学基础，

充分发挥企业和职业院校在职业教育与培训方面的作用,充分利用中国的先进职业教育制度、理念和品牌,采取合作办学等方式,建设非洲知名的职业院校和培训机构,建立国际化人才培养基地,提高苏丹职业教育在东非和中东地区的国际影响力,为外资企业和本地企业提供技能型人才,适度对中东等地区开展技能型人才输出。

### 8. 开发职教标准,建立职教培养方案

项目团队建议:建立和完善人才培养方案,适应信息化和全球化对技术技能型人才培养的要求;开发各专业课程标准,建立符合苏丹国情和发展要求的课程体系;开发各专业实训标准,建立符合技能型人才培养要求的校内、校外实训室和实训基地;完善苏丹职业院校管理体系建设方案,明确岗位要求,优化职业院校内部管理,提高职业院校管理水平。中方教师团队根据苏丹职业院校专业开设的现状和发展趋势,开发了计算机应用及维修、电工电子、水道、焊接技术、建筑工程、机械加工、汽车维修、汽车电气、机械维修、妇女发展(含西点工艺、缝纫工艺专业)、财务管理、经贸12个专业的人才培养方案、课程标准、简明教材、课件,在恩图曼学校试用后,逐步推广到其他职业院校使用。

为了传播"楚怡"职业教育先进理念,中方教师团队力图通过"引企入校"的模式,极大地缓解学校专业建设和发展资金、技术、师资的矛盾,并努力实现"五促进":促进学校办学理念、办学水平、办学质量的全面提升,促进学校专业建设的长足发展,促进师生的成长,促进学生的高质量就业,促进企业技术创新和产品升级,达到学校和企业的"双赢"。

通过以上几点措施,实现了学校与企业的深度合作和协同发展。学校和企业之间的合作办学,能够很好地提升企业和学校培养学生的质量,优化学生的培养途径。由学校和企业共同制订学生发展方案,在学校学习基础理论知识,在企业锻炼工作实践能力,逐渐摸索出定向培养高技能、高素质人才

的培养模式和培养方法，逐步实现学校和企业共同合作，培养新型人才的目标。在职业教育中，使用优秀的教学方法，培养出优秀的学生和企业员工，为学校提升了社会声誉，为企业生产提供了人才支持，同时也提升了企业产品的技术含量。

## （三）与孔子学院合作，开设汉语选修课，为"走出去"的中国企业量身打造"中国方案"

随着中苏两国关系的不断深化，通过学习汉语了解中国文化、了解中国人的思维方式已经成为苏丹各阶层人士的共识，也从国家战略发展和双边关系的角度凸显了学习汉语的必要性和重要性。为推进会汉语、懂阿拉伯语、精技能的中苏友好型人才培养，为共建"一带一路"和苏丹经济社会发展提供人才支撑，中方教师团队与喀土穆大学孔子学院密切沟通，并征得苏丹劳工部职业培训最高委员会和恩图曼学校的同意，在恩图曼学校开设汉语教学点。2018年2月1日，恩图曼学校汉语教学点隆重揭牌并顺利开班，苏丹劳工部职业培训最高委员会副秘书长伊斯梅尔、喀土穆大学孔子学院时任中方院长魏宝祥参加了开班仪式。汉语教学点的开设得到了恩图曼学校师生的热烈欢迎和大力支持，恩图曼学校师生学习汉语的热情得到了极大的鼓舞。

此后，为继续做好喀土穆大学孔子学院在恩图曼学校的汉语教学工作，中方教师团队与喀土穆大学孔子学院苏方院长奥斯曼、中方院长刘敏，恩图曼学校莫塔希姆校长进行了深入交流，积极协调办好汉语教学点，就汉语教学融入专业内容，推进会汉语、懂阿拉伯语、精技能的中苏友好型人才培养，吸引具有双语教学能力的中国人士共同参与"中文+职业技能"教学，为中苏企业提供技能型人才支撑，将恩图曼学校建设成为促进中苏文化交流的一个好平台等达成了共识，推动了"中文+职业技能"教学，促进了中苏文化交流。

## 三、中苏职业教育合作本土化人才培养的主要成效

中方教师团队始终坚持以"满足'走出去'企业发展需求的本土化技术技能型人才"为恩图曼学校学生的培养目标，以就业为导向，对接岗位能力需求、技能标准和综合素养，将服务"走出去"企业作为自身的使命担当，与非洲中资企业产教融合，跨境合作，全方位服务中资企业技术技能型人才培养，为华勘矿业、锐南矿业、扬子江重汽等中资企业培养了大批非洲员工。本土化人才培养打通了国际学生在中国"走出去"企业的就业通道，有效解决了"走出去"企业本土化技术技能型人才缺乏的问题，帮助国际学生改变了命运、实现了梦想。

### （一）技术技能型人才需求得到满足

中苏职业教育合作始终坚持"服务中企、赋能青年、提升技能"的思路，深入调研中资企业的本土化人才需求，针对苏丹的实际需求，以就业和需求为导向，采用学徒制、现场教学、项目教学、仿真教学、工作过程导向教学，通过"中文+职业技能"，大力开展职业培训，使学习者特别是青年学生获得一技之长，提升了本土化技术技能型人才的培养水平。同时，为当地企业技术技能型人才需求提供定制服务，源源不断地为中资企业输送优秀人才，为中资企业提供"一站式"人才本地化解决方案。

## （二）产教融合，校企合作不断深化

在与"走出去"企业的协同合作中，学校与企业加深了合作默契、达成了深度融合的共识。恩思曼学校与扬子江重汽、中联重科、中车等中资企业深度合作，精准对接企业需求培养人才，提升学生的职业能力。

## （三）社会认可度和影响力节节攀升

在中方教师团队的协助下，恩图曼学校的影响力不断提升，办学质量得到了社会各界和越来越多学生家长的认可。毕业季临近，恩图曼学校的技能型人才大受欢迎，军工企业、大型汽车连锁销售维修企业等苏丹企业都纷纷主动提前联系恩图曼学校录用毕业生，华勘矿业、锐南矿业、扬子江重汽等中资企业也到恩图曼学校招聘毕业生。中资企业华勘矿业一次性招聘了焊接专业7人、建筑专业5人、电子电工专业5人、机械维修5人，共计22名毕业生。据恩图曼学校校长莫塔希姆介绍，恩图曼学校的毕业生质量高，技能掌握得好，很多毕业生在实习期间就得到了实习单位的好评，并且被直接录用。恩图曼学校毕业生正在苏丹各行各业发挥着生力军的作用。

校企跨国协同培养本土化技术技能型人才，创新了产教融合、校企合作模式，提高了职业教育的适应性。不仅为"一带一路"倡议的中资企业培养、培训了大量本土化基层管理和技术技能型人才，而且为苏丹的经济建设和社会就业增添了发展动力，在传承技术技能、促进就业创业中贡献了中国职业教育的力量与智慧。

## 四、中苏职业教育合作本土化人才培养的展望

2018年，习近平总书记在全国教育大会上指出，要抓住机遇、超前布局，以更高远的历史站位、更宽广的国际视野、更深邃的战略眼光，加快推进教育现代化，要使教育与我国综合国力和国际地位相匹配。我国国民经济和社会发展第十四个五年规划也明确提出，要"建设中文传播平台，构建中国语言文化全球传播体系和国际中文教育标准体系"。2020年6月，教育部等八部门印发的《关于加快和扩大新时代教育对外开放的意见》指出，要提升我国高等教育人才培养的国际竞争力，加快培养具有全球视野的高层次国际化人才，要推动职业教育更加开放畅通，加快建设具有国际先进水平的中国特色职业教育体系，扩大教育国际公共产品供给。2020年9月，教育部等九部门印发的《职业教育提质培优行动计划（2020—2023年）》指出，要加强职业院校与境外中资企业合作，支持职业院校到国（境）外办学，培养熟悉中华传统文化、中资企业急需的本土技术技能人才，要推进"中文+职业技能"项目，助力中国职业教育走出去，提升国际影响力。2020年10月26日，"展翼丝路——'中文+职业技能'国际合作研讨会"在南京闭幕，教育部中外语言交流合作中心主任马箭飞指出，"一带一路"沿线国家和地区是职业教育和产业"携手出海"的重点，一方面，这些沿线国家和地区的人口占世界的63%，但经济总量只占29%，大多是发展中国家，中国企业在此发展前景广阔；另一方面，这些沿线国家和地区的职业教育发展不平衡，总体水平不高，难以支撑产业一线中外企业合作落地对高素质高技能人才的需求，这种供需"剪刀

差"亟须中国职业教育配套"走出去",实现海外本土化一线人才培养和中资企业需求的精准对接。实现海外本土化一线人才培养和中资企业需求的精准对接,既能为当地经济社会发展提供服务,又可为中国经济的国际循环提供稳固的市场,实现中国与"一带一路"沿线国家和地区的经济互利共赢,构建国内国际"双循环"相互促进的新发展格局。职业教育要满足这一战略需求,亟须构建"中文+职业技能"国际推广基地。

建设"中文+职业技能"国际推广基地是推进中国教育现代化,使教育与中国综合国力和国际地位相匹配的重要举措,是落实"十四五"规划中"建设中文传播平台,构建中国语言文化全球传播体系和国际中文教育标准体系"的重要举措,也是解决中资企业海外人力资源瓶颈的重要举措。随着中国对外开放不断深入,推动国际中文教育与职业教育"走出去"融合发展,在海外实施"中文+职业技能"教育具有十分重要的意义。

为解决在苏中资企业人力短缺的难题,中方教师团队应当积极配合苏丹的孔子学院,在苏丹开设"中文+职业技能"的职业教育模式,不断拓展培训渠道,丰富教学内容,探索中文教学与职业技能培训的有机结合,开发一批"中文+职业技能"课程和项目,使学习者既能具备较高的中文水平,又能掌握专业职业技能。

## (一)开发职业技能标准,推动本土化人才培养

推动构建"中文+职业技能"教育高质量新体系,应基于国内职业教育办学标准、技术标准、产业标准,打造"中文+职业技能"项目标准体系,重点开发"职业中文能力标准"。目前,国家职业资格目录中共有72项职业资格,基本涵盖了教育、经济、司法、卫生、交通、建设、环保等国家重要的行业领域。因此,应引入社会培训评价组织,借鉴国际先进行业企业标准,对接

国家职业标准及技能等级证书，结合所在国的实际情况，联合中资企业开发符合当地经济发展需要的国别化职业技能标准和等级证书，力争成为当地国家职业标准，为所在国学生的就业创业提供便利与支持。目前国内正在推动"1+X"证书体系建设，基地可针对不同的国家和地区开展产业调研，与所在国中资企业及中国培训评价组织共同促进"1+X"证书体系走出国门，使其成为国际资格能力证书，同时依托国内高校、海外中资企业和孔子学院等组织和机构，开发"职业中文能力标准"，建立符合海外中资企业需求的职业中文教学标准、课程标准等，提升海外本土员工运用汉语进行交流的交际能力和逻辑思维能力，推动海外本土人才的培养。

### （二）协助打造本土化人才培养体系及本土化人力资源管理体系

其一，与所在国的龙头中资企业、教育主管部门、教育机构等建立合作关系，研究所在国中资企业的人才需求，共同开发面向所在国高等院校的国际通用专业标准、专业人才培养方案和课程体系，推出一批具有国际影响力的高质量专业标准、课程标准与教学资源，形成可复制的人才培养标准体系及职业技能标准，从而协助所在国中资企业打造本土化人才培养体系。其二，发挥智力优势，提供决策咨询，积极协助中资企业开展对所在国人力资源管理体系的研究，结合所在国的政治、经济、法律及跨文化特征，梳理出一套符合所在国国情的人力资源管理模式。其三，协助中资企业立足于所在国实际，结合所在国的人力资源管理文化，将职业资格与职称、职业技能等级制度有效衔接，推动实现技能等级与管理、技术岗位序列相互比照，畅通海外员工职业资格、职称、职业技能、薪酬等级认定渠道，打造本土化人力资源管理体系，提升中资企业的运营管理效率和竞争力。

## （三）建设高水平培训基地，提升外派师资的跨文化能力和教学能力

积极争取政府、行业协会等的支持，建设"中文+职业技能"国际推广基地，建立完善的培训课程体系，打造高水平的培训师资队伍，开发和建设教学资源平台，建立科学的管理和考核体系等，保证外派师资的质量，同时要在境外中资企业和海外孔子学院建立职业技能培训分支机构，服务中资企业发展。在培训内容设计上，要融入跨文化培训的内容，提升培训师资的跨文化交际能力，加强技能培训环节中的跨文化理念融入。对外派师资，首先要进行跨文化内容的培训，提高教师的文化适应性，通过培训让每个教师了解与自己岗位相关的赴任国的国情、风土人情、法律法规、礼仪风俗等，提高跨文化交际能力；其次，加强职业技能的培训，使外派师资深入了解赴任国中资企业的技术设备情况、职业岗位情况和岗位技能需求情况。

## （四）加强海外本土教师培训和教育官员培训

海外本土教师和教育官员是推广"中文+职业技能"教育的重要力量。海外本土教师的课程应包含汉语本体知识、中国文化知识、汉语教学法、中外语言对比、跨文化交际、中国企业管理文化、职业技能实操、实训等课程。海外教育官员培训应侧重于中国经济、中国政治制度、中国文化、中国企业文化等方面的培训。培训时应采用实地调研、访问学校、访问企业、小组讨论、集中研讨、走访博物馆和文化景点等多种方式。

## （五）打造中国特色的"中文+职业技能"国际通用教材

为满足"走出去"企业对当地员工的职业能力要求，应结合职业资格标

准，研发具有中国特色的职业技能课程及系列培训教材，教材应按照初级、中级和高级三个层级来规划，使用对象应包含企业员工、所在国高校学生及所在国社会人员等。教材的层级应根据受训人员的中文能力水平及岗位层级来划分，教材内容应融入中国文化、中国元素、中国企业文化和价值理念，同时应将职业技能标准融入到教材内容中，以使受训人员在接受技能培训的同时，加深对中国文化和中国企业文化的认同。

教材的开发及课程内容的编制必须要有中资企业的参与，要充分听取中资企业的意见，同时要对所在国的学情进行深入分析，要以满足中资企业的实际工作需求为主，基于企业质量标准和工作过程开发教材内容。要深化教学方式及教学方法改革，以企业真实案例来设计和优化教学内容，采取模块化教学方式，统筹企业需求与教学组织实施，从而提高人才培养的灵活性、适应性和针对性。要打造具有中资企业特色的活页式教材及相应的数字化教材，以满足中资企业的职业岗位需求为主，同时满足项目化教学、学徒制教学需求，将文本、视频、动画等教学资料有机结合，实现教学内容的知识性、趣味性、可视性、可模仿性。

### （六）建设"中文+职业技能"线上学习平台

建设线"中文+职业技能"上学习平台，精心设计案例分析、教学互动和平台实操的功能，实现教学效果优化。要设立能满足融合线上、线下需求的联合实训室、智慧教室等，实现跨国连线、云端授课，将"中文+职业技能"数字资源和课程纳入国际中文教育数字化平台。该学习平台的设计应既能满足当地师资和员工中文语言和文化的需求，也能满足技能提升的需求。该学习平台应包含中国文化元素板块和专业技能板块两方面内容，课程资源应以视频、动画等形象、生动、易学的素材为主，同时积极吸收行业企业及社会优质的学习资源,并与其他平台建立资源互换机制。在平台设计和教学内容建设过程中,既要注重中国文化元素的融入,又应兼顾文化的国际性、包容性,确保学习平台符合不同国家文化的差异性和个性化需求。

### (七)做好"中文+职业技能"实习就业基地建设

随着"一带一路"建设的深入推进,众多中资企业走出去,在海外投资和发展,同时中外合资企业也不断涌现,给当地带来大量的就业机会。实施"中文+职业技能"教育的初衷就是为当地中资企业及当地中外合资企业解决人力资源问题。因此,应联合当地的孔子学院及中资企业,结合所在国中资企业具体的人力资源需求,充分发挥"教学实训中心"功能,与企业共建、共管、共用"生产性体验中心""未来技能中心"等生产性实训基地。基地可以通过孔子学院与当地的大学采取订单班、嵌入式课程、专业选修课的方式,开展"中文+职业技能"的语言及职业技能培训,也可以与当地的孔子学院合作,面向社会人员开展长期或短期的语言及技能培训。语言和技能的培训课程内容要融入中文语言能力、中国文化、中国企业文化、沟通与交际能力等,使受训人员在学习过程中理解和认可中国企业文化,提升中资企业实施跨文化管理的效率。

### (八)积极推进人文及技术交流

推动中苏职业院校建立友好交流关系,鼓励院校之间开展师生交换、科研合作、学分互认、实践实习基地共建等,促进中苏师生的务实交流,讲好各自的故事,促进文化融合和民心相通。在交流过程中融入中华优秀传统文化,探索建立国际理解教育项目,推动不同文化的理解与融通。举办世界技能大赛和双创大赛，展示各国优秀青年技能人才的精湛技艺、职业素质、创新素养和创业能力，树立中国制造和中国工匠品牌形象，促进中国"工匠精神"对外传播及国家间的技术技能交流。

第八章

# 推进中苏职业教育合作可持续发展的思考与展望

**中国与苏丹职业教育合作研究**
——以"楚怡"职教在苏丹的实践为视角

建交以来，中国与苏丹不仅在政治和经济上一直保持着友好的外交合作关系，而且在苏丹的教育与人力资源开发上，中国也给予了大力援助与支持，尤其是在中非合作论坛框架支持下，中苏双方教育援助与合作，特别是关于职业教育方面的合作与交流，更是向着更深层次发展。随着国家"一带一路"建设的深入推进，中国职业教育配备国际产能伴随企业"走进苏丹"已经成为主要发展形式，并在实践探索中形成了中国特色的"楚怡"职教实践模式。但"楚怡"职教品牌能否像德国、澳大利亚等国的职业教育那样，成为教育的"金字招牌"，更好地"走出去"，帮助苏丹人民学得一技之长，提高就业率，是时代赋予的重大课题。

# 一、中苏职业教育合作的实践与新发展

## （一）中国政府支持中苏职业教育多层次、纵深合作

中国政府始终高度重视中非职业教育合作，从20世纪坦赞铁路建设工人培训到《推进共建"一带一路"教育行动》等文件的印发，中国不断加大职业教育对外开放力度，未来中非职业教育合作的力度将不断增强。

自中非合作论坛创立以来，中国已为非洲各国培训了各领域实用人才超过8.1万人，培训范围涵盖了经济、贸易、农业、环保、交通等涉及国民经济和社会发展的多个领域。中非"十大合作计划"也涉及中非职业技术教育的合作。例如，中国设立了一批区域职业教育中心和若干能力建设学院，为非洲培训了20万名职业技术人才，提供了4万个来华培训名额，以帮助青年和

# 第八章
推进中苏职业教育合作可持续发展的思考与展望

妇女提高就业技能等；2018年，在中非合作论坛北京峰会上，中国再次承诺未来将加大与非洲的职业技术教育合作力度，计划在非洲设立10个"鲁班工坊"，向非洲青年提供职业技能培训；中国支持并设立旨在推动青年创新创业合作的中非创新合作中心；中国实施"头雁计划"，为非洲培训了1 000名精英人才；中国为非洲提供了5万个中国政府奖学金名额和5万个研修培训名额，邀请2 000名非洲青年来华交流。时至2021年12月，中国已有12个"鲁班工坊"相继立足非洲、扎根非洲、闪亮非洲，向全世界展示了中国职业教育"走出去"的坚定态度与坚韧步伐。

根据苏丹国家青年就业和工业化、农业现代化发展需求，中苏职业教育合作已经实现从高级官员培训向职业技术教育部门相关人员的延伸。中苏职业教育合作从项目到部门、从培训班到职业院校，实现了全部门合作，政府参与部门也由教育部拓展到商业部、农业部等。

## （二）中国职业院校积极参与中苏职业教育合作

随着中苏教育合作全面升级，中非高校"20+20"合作计划使中国高校，特别是高等职业院校，逐渐在中苏职业教育合作中起到举足轻重的作用。

中苏教育合作约始于1962年的互派留学生项目。至20世纪七八十年代，中国在经济、技术、军事、文化、医疗等方面向苏丹提供了重要援助，其中包括职业教育和技术培训援助。1989年，中国向苏丹的培训学校提供教员及设备的资助，合作建设恩图曼学校，该学校也成为苏丹最重要的职业培训中心之一，使用至今。2012—2015年，中国对恩图曼学校进行了改造和扩建。2013年"一带一路"倡议提出后，中苏职业教育合作呈现出下列形式。

**1．援外培训**

由商务部主办、中国职业院校承办的海外培训项目是中国职业教育援苏项目的重要组成部分和实施方式。如 2015 年 8 月 24 日，由山东外贸职业学院承办，苏丹格达拉夫州法乌镇中国援苏丹农业技术示范中心举办了"2015苏丹棉花技术海外培训班"。

**2. 创建示范**

将恩图曼学校打造成中苏合作的典范，发挥引领作用。恩图曼学校是我国在苏丹乃至非洲合作建设的第一个职业教育机构。随着中方与恩图曼学校的持续合作，该学校的名气和影响力日渐扩大，得到了苏丹职业教育界的高度认可。

**3. 校际合作**

中国与苏丹职业院校在具备相同特点的专业上加强沟通协作，延展教育务实合作平台。例如，2018 年 9 月 27 日，锡林郭勒职业学院与苏丹科学技术大学签署协议，中苏学者围绕机电工程专业职业教育、畜牧兽医专业职业教育举行了系列研讨会，就科技与职业教育相关领域展开交流合作。

**4. 研修培训**

中国与苏丹职业院校合作开展研修培训，既拓展了国内职业教育的办学空间和影响力，又能为苏丹职业院校提供技术支持。例如，2016—2018 年，援苏丹恩图曼友谊职业培训中心技术合作项目对 101 名来自苏丹 14 所职业培训中心的教师及苏丹劳工部职业培训最高委员会的管理人员进行了培训，并连续两年派出 16 位专家在苏丹开展技术合作，进行培训。

### （三）中资企业成为中苏职业教育合作的重要力量

为适应苏丹的经济环境，实施本土化战略，中资企业在培养非洲技能型人才，助力苏丹工业化、农业现代化发展方面发挥着重要作用。

其一，中资企业参与苏丹技能型人才培养。例如，中苏棉花合作种植项目由山东新纪元农业发展有限公司运营，已成为中苏农业合作的重点项目之一。山东新纪元农业发展有限公司在当地推行"公司+灌区+农户"的合作种植模式，对民众开展种植棉花的"一对一"培训，对当地农业技术人才的培养作出了巨大贡献，对解决当地民众就业、提高苏丹棉花种植和加工水平产生了积极影响。目前，当地棉花种植面积超过20万亩，每年可创造4万多个就业岗位，有效改善了当地人民的生活条件。

其二，为培养能够上岗就业的技术人才，中资企业通常会与苏丹当地政府、教育部门和中苏高校进行合作，协力培养职业技术人才，为中苏职业技术学校筹建、运营和各类培训提供所需的设备、资金。例如，中资企业直接参与苏丹孔子学院建设，与孔子学院设立定向培训班，孔子学院的课程设置和人才培养将直接满足企业的职位需求。

其三，校企合作模式助力中苏职业教育合作。《高等职业教育创新发展行动计划（2015—2018年）》强调，职业教育要主动发掘和服务企业"走出去"的需要。因此，湖南省高等院校特别是职业院校，要与中资企业共同"走出去"，探索开展多种形式的境外合作办学，培养苏丹本土与中资企业发展所需的本土化人才。湘外院提供智力支撑、顶层设计，中资企业参与培训支持，二者合力，高效完成中苏职业教育合作项目。湘外院根据苏丹工业化、农业现代化进程发展需要科学进行合作规划，为苏丹职业教育的长远发展作出实质性的贡献，并树立湖南品牌。

## 二、中苏职业教育合作面临的主要问题

矛盾存在于事物发展过程的始终，任何事物的发展都具有两面性。尽管在"摸着石子过河"的实践探索过程中，中苏职业教育合作项目已经取得了不错的成绩，但同时还存在着很多待解决的问题，如政策支持问题、经费运转问题、标准建立问题及师资调配问题等。

### （一）顶层设计和政策协调亟待加强

尽管中苏职业教育合作项目在实施推进的过程中已经取得了可观的成绩，但是其在政策支持与协调上还存在一定的困难。这主要是因为中苏职业教育合作项目作为一个创新的"楚怡"职教"走出去"的探索模式，不仅承担着带动国内"楚怡"职教走出国门培养海外人才的重担，同时还涉及职业教育改革、企业改革等方面的内容，在政策支持上除了需要教育部制定政策之外，还需要教育部、商务部、外交部、各省市部门及其他各相关部委都参与进来。此外，协调并落实的各项支持政策也至关重要。

### （二）境外职业教育方案与标准落地存在困难

开展职业教育合作，不只要将中国职业教育标准、课程体系、人才培养模式、职教文化等输入对象国，同时还要将中国的职教办学模式、标准与对象国的职业教育发展水平、办学模式、课程标准及教学教材标准等相统一，这样才能够更好、更直接地为对象国服务，才能使职业教育合作实现可持续

发展。但是从目前中苏职业教育合作的实施进展来看，在标准与模式上还存在发展困境。这主要是因为要探索两国相融的职教标准体系，首先要获得苏丹当局的同意，然后还要研究如何使苏丹的职教标准体系、课程体系及教学体系与中国的标准体系对接，并开发出符合苏丹发展的标准体系，从而培养出兼具知识与能力的职教人才。要完成这些任务，是一个巨大的挑战。苏丹的职业教育教学实训设备设施较差、师资力量较薄弱、课程标准普遍不完善，研究制定符合当地实际情况、满足需要的苏丹版"楚怡"职教标准并推广落地面临着实际困难。另外，苏丹有发展本国职业教育的传统，现有做法根深蒂固，因此帮助苏丹建立现代职教体系，开发职教标准，推行"楚怡"职教方案面临着很大的阻力。

### （三）教师的语言沟通能力有待提高

语言沟通是人们心灵相通的桥梁，语言沟通的良好与否将直接影响办事效率。然而，在中苏职业教育合作项目中，语言沟通问题一直是制约教师与学员交流的主要问题，造成这个局面的原因有两个：一是苏丹的官方语言为阿拉伯语，还通用英语，局部地区使用努比亚语、富尔语等；二是高职院校的教师因为自身素质与能力问题，其外语水平存在一定的局限性，再加上中国职业教育国际化水平还处于探索阶段，教师的国际化交流与学习机会不多。

### （四）经费是掣肘后续工作的关键点

人们常说："巧妇难为无米之炊"。中苏职业教育合作项目若想要长久持续地走下去，除了要加强上层建筑之外，最重要的是要做好经费保障。就目前的情况而言，对于职业教育合作项目，中苏两国尚未建立统一的财政支持体系，因此只能从现有的政策、资金渠道进行筹措，以保障合作项目的设备、技术和师资等。而建立起经费长效运行机制，以保障中苏职业教育合作项目的可持续发展，是目前项目面临的最主要的问题。

# 三、中苏职业教育合作可持续发展的政策建议

经过七十余年的发展，中国职业教育国际合作在政策推动下取得了显著成绩。然而，也必须清醒地认识到，中苏职业教育合作仍处于探索阶段，虽然在政策层面得到了支持和鼓励，但在顶层设计、实施机制和保障、激励措施等多个方面还存在着诸多挑战，只有着力解决这些问题，才能推动中苏职业教育合作项目的可持续发展。中国职业教育国际合作政策还需不断完善与改进，探索构建长效化的合作机制。结合当前中国职业教育国际合作的发展现状，可以从以下几个方面做出对策改变。

## （一）统筹协调，优化"楚怡"职业教育"走出去"顶层设计

通常来讲，中国开展对苏职业教育推广工作少不了政府的宏观调控及政策的支持，主要是因为境外开办学校会涉及国家法律、外交工作、文化传播等。对苏开展职业教育面向的是非洲国家市场，这不仅涉及将中国职业教育标准体系推广到苏丹，同时还涉及如何做好与苏丹职业教育的衔接和管理工作，倘若没有政府的政策、法律支持，那么对苏职业教育推广工作将会是"海市蜃楼""天方夜谭"，永远无法实现。2016 年，教育部颁布的《推进共建"一带一路"教育行动》提出，"教育为国家富强、民族繁荣、人民幸福之本，在共建'一带一路'中具有基础性和先导性作用"。2018 年中非合作论坛北京峰

## 第八章
### 推进中苏职业教育合作可持续发展的思考与展望

会通过的《关于构建更加紧密的中非命运共同体的北京宣言》和《中非合作论坛—北京行动计划（2019—2021年）》、2021年11月中非合作论坛第八届部长级会议通过的《中非合作2035年愿景》，以及《湖南省职业教育改革实施方案》等文件表明，开展对苏丹职业教育合作，国家和湖南省政府在政策上持完全支持态度，向非洲推广中国职业教育标准体系是符合国家政策导向的。对苏职业教育合作肩负着更加丰富的时代使命，不仅是帮助非洲国家培养职业技术人才及提升职业教育水平的应有之义，也是助力中国企业走进非洲、服务"一带一路"倡议与中非产能合作、推动我国职业教育"走出去"的主要渠道。

随着"一带一路"倡议和国际产能合作的深入推进，包括国有企业和民营企业在内的愈来愈多的企业选择到非洲，到苏丹市场开办工厂，境外企业合作逐渐成为潮流。然而，湖南对苏职业教育合作制度化的具体政策和措施仍需要研究和制定。为了更好地使"楚怡"职业教育服务企业"走出去"，需要中国政府相关部门进一步优化顶层设计，建立适应"楚怡"职业教育"走进非洲"的各种制度保障体系；探索建立"中国援助+中国职业教育"与中国技术、设备、产能协同"走出去"的模式，为中苏职业教育合作提供政策支持。

一是建立"一国一策，一校一策"机制，促进中苏职业教育合作。职业教育如何布局非洲国家，应统一规划，建议在已建交的非洲国家做到一国一校，即一个国家至少选择一所职业院校合作。中国职业院校要将合作学校与当地实际情况相结合，对标准化职业标准体系内容进行本土化改造，共同开发专业、课程、培训等一系列标准，提升中国职业教育的国际影响力。二是明确政府、院校、企业及其他相关机构的主体责任，在政、企、校、行之间进行全面布局，加强教育部职业教育与成人教育司、商务部、"一带一路"建设工作领导小组、各行业相关部委等部门、机构之间的沟通交流，就开展对非职业教育合作问题形成路径畅通、共同参与的联动工作机制，对长期驻扎在苏丹的企业和职业院校给予资金和政策上的支持，以使"楚怡"职业教育成为企业"走出去"的软实力支撑。针对对苏职业教育推广涉及多个办学主体，政府应运用宏观调控的手段，统筹各利益主体间的协调合作机制，调动各部门的工作积极性，使各部门做到各司其职。三是在舆论传播上要加大媒体对开展对苏职业教育合作的宣传力度，特别是海外宣传，以获得更多的社会关注和支持，扩大社会大众对其的认知力和感召力。

## （二）资源整合，搭建"楚怡"职业教育"走出去"共享平台

对苏推广中国职业教育面临着如何统筹、优化、协调与整合好各主体间的资源互用关系，解决好这个问题将不仅有助于更好地完成推广任务，同时也有利于搭建涵盖政府、院校、企业等多个主体的对苏职业教育合作共享平台，优化与整合多方资源的作用发挥，降低办学成本和风险，从而减小中国职业教育在推广过程中的困难。结合当前中苏职业教育合作的探索模式，为更好地统筹协调和整合盘活各方资源为我所用，可创建起对非职业教育合作的职业院校联盟、产教联盟、文化联盟，并强调联盟间资讯和协作的互联互通。

其中，构建职业院校联盟有助于优化办学模式，拓宽办学思路，实现院校间的资源优势互补，在人才培养、教学研发及管理上能够提高教育合作的空间，充分发挥职业院校"抱团式"出海的优势。建立对非、对苏职业教育产教联盟，是顺应当前我国对非合作发展的主要趋势。职业教育产教联盟是为了助力湖南企业更好地"走出去"的服务平台，是探索职业教育产教深度融合的人才培养模式，通过建立校企人才培养合作平台，有助于加深政、校、企及行之间的合作与交流，促进科研与教学开发、经费融合等，实现资源统合优势。文化联盟平台的搭建主要是为了推动双方在人文和学术方面的合作与交流，如接收非洲来华留学生，与孔子学院联合培养技术人才，开展有关职

# 第八章
推进中苏职业教育合作可持续发展的思考与展望

业教育合作的国际会议等，促进知识资源上的资源共享，为中苏职业教育合作打下知识基础。创建职业教育各类联盟平台，通过整合资源使其作用得到有效发挥，使资源的外在优势与人才的内在需求相融合，从而为促进人才培养提供更大的发展空间。

一是发挥中非合作论坛的平台作用，促进中苏职业教育深度合作。近年来，中国经济对外交流蓬勃发展，进入高质量的发展阶段，对外交流与合作平台对于推进职业教育的深入发展有着重要作用。例如，湖南省两年一度的中国－非洲经贸博览会。中国－非洲经贸博览会是由中国商务部和湖南省人民政府共同主办的博览会，长期落户湖南，每两年举办一届。该博览会是落实中非合作论坛经贸举措的新平台，是对非经贸合作的新窗口，应该充分利用这些资源，更好地服务于中苏职业教育合作。

二是发挥"中非经贸合作职业教育产教联盟"的平台作用，促进中苏职业教育深入合作。为进一步加快中国职业教育"走出去"的步伐，更好地服务于中非经贸合作相关的职业院校和企事业单位，湘外院牵头组建了"中非经贸合作职业教育产教联盟"。该联盟依托长期落户湖南的中国－非洲经贸博览会、中国（湖南）自由贸易区和湖南国际商务官员研修基地三大平台，聚焦产业发展，汇聚教育资源，通过信息共享获取国内外各类信息，通过在人才培养、科研合作、人文学术交流等方面进行合作，储备充足的人力资源，共同促进苏丹的经济社会发展，提升国家和学校的影响力，为提升中苏职业教育合作的竞争力提供了保障，进而开启优势互补、共同进步的良好局面。因此，"中非经贸合作职业教育产教联盟"要进一步完善运行机制，发挥自身优势，联盟内部各单位信息共享、取长补短，合力推进中苏职业教育合作。

"中非经贸合作职业教育产教联盟"要进一步发挥资源配置功能，谋求行业联合抱团发展，探索行业协会和学校、众多外贸型优质中小企业共同参与的多元合作育人模式，形成政、校、企在人、财、物等方面的高效利用与共享，为中苏职业教育合作提供强有力的人才、信息和技术支撑，对标中苏职业教育合作需求，推动中苏两国在职业教育专业设置、专业资源库建设和企业人才培训、教学实践等方面开展深入合作。

## （三）招贤纳士，推进"楚怡"职教师资队伍国际化建设

开展对苏职业教育合作与培训的核心问题是要培养一批熟悉中国技术和产品设备，通晓国际语言，具有国际意识、国际视野和国际思维的高素质国际化师资队伍。因为教师是开展对苏职业教育合作的实施者，只有教师具有"走出去"的能力，中国职业教育"走进苏丹"才能更好地落地开花。完善激励约束机制，提高教师各项待遇，完善保障措施，优化人才资源配置，建立轮换制度，为国际化师资队伍建设营造良好的制度环境，显得尤为迫切。中苏双方交流合作部门要通过精心设计理论学习、实地考察、互动交流等方式，从现代职业教育体系到新理念、从专业设置到教学方法、从教学到研究，使教师拓宽视野，增强国际化教学能力。强化国际化师资队伍，可以从以下几个方面入手。

一是通过开展职业院校间的国际交流项目为教师搭建平台，双方互派教师，加强国际交流学习机会，从而达到提升职业院校教师国际视野与国际思维的目的。

二是引进亟需的专业人才。在师资培养方面，不仅要考虑"走出去"，还要想到"引进来"。引进优秀教师，包括国外具有丰富实践经验和高学历、高职能的人才，以及国内相关企业既有理论功底又具实践技能的人才，将他们充实到"外聘"教师队伍中，不仅可以从根本上了解国外的教育观念、教育模式与教学方法等，同时还可以了解当地研究的发展动态。

三是海外项目派遣学习。教师海外项目派遣，一方面可以拓宽教师的国际视野，将自己所学与对象国的教育发展水平相结合，使其与国际接轨；另

一方面也能够在短时间内提升教师的外语水平。如有色金属行业职业教育试点项目便是通过项目外派教师来提升教师的国际化水平，教师通过教学实施，了解到对象国的国情、教育水平、教学模式、教学方法、学生学习状态等，从而有助于他们调整状态，积极应战。

四是建立健全国际化师资队伍的考核机制。师资考核有助于保障师资队伍的质量，使其能够更好地服务于职业教育，以考核促进教师发展。

五是提升教师的语言能力。语言沟通一直是制约教师国际化发展的关键问题，在培养国际化师资队伍时，要加强其对语言的学习，如开展双语班，与外国语学院等展开合作，进行语言培训等。

## （四）务实合作，建立中国"楚怡"职业教育"走出去"标准体系

随着中国构建现代职业教育体系的不断推进，树立中国职业教育品牌已逐渐成为当前中国职业教育发展的核心任务。开展对苏职业教育合作作为中国职业教育面向非洲国家"走出去"的重要内容，其输出的各项理念文化、技术标准、物资设备等同样是中国各项职业教育标准的国际形象，对展现中国职业教育发展水平，提升国际竞争力具有重要意义。只有树立起自己的品牌，才能产生持久的影响力和世界竞争力。湖南"楚怡"职业教育"走进苏丹"是两种职业教育体系的交融，必须在克服双方职业教育发展水平、办学模式、课程标准及教学教材标准巨大差异的基础上，建立起与合作小学目标相适应的办学模式与标准。

对此，我们同样需要加强中苏职业教育合作"品牌建设"，形成统一的中苏职教标准。2019年1月，国务院印发了关于《国家职业教育改革实施方案》的通知，特别指出要构建职业教育现代化标准体系，要求完善职业教育教学标准；启动"1+X"证书制度等，以推进中国职业教育现代化发展。中国职业教育"走进苏丹"的目的，不只是为了解决驻苏中资企业和当地企业技术人才

不足的现状，更重要的是在人才培养过程中能够将中国的职教标准、职教工艺、职教文化等传入苏丹，树立中国职教发展品牌。在中国职教品牌建设上，一方面要充分了解苏丹职业教育发展的现状及职教需求；另一方面要结合中国职业专业、课程、教材、教学、师资、证书等标准与苏丹职业教育的发展实际，有针对性地将中国"楚怡"职教标准输入苏丹。中苏职业教育合作应着眼于服务中苏经贸合作，服务当地经济社会发展，多措并举，争取在标准开发、专业建设、打造职教合作高地、职业教育交流等方面形成特色。

一是深入调研苏丹职业教育的发展现状和现实需求，与恩图曼学校务实合作，主动适应经济发展对职业教育现代化发展的要求，适应苏丹职业教育师资建设、课程配备、管理体系等方面的新要求，为恩图曼学校开发人才培养方案、课程标准、师资标准、实训标准，初步建立起人才培养标准体系，推进中国"楚怡"职业教育标准"走进苏丹"。

二是建设"鲁班工坊"，打造中苏职业教育合作高地。促进中国职业教育品牌推广，在苏方职业培训中心建立"鲁班工坊"，打造苏丹职业教育标杆，建立苏丹职业教育高地。

三是促进中苏职业教育交流，建立"楚怡"职业教育合作基地。"楚怡"是一百年前就已形成的中国职教品牌，是湘式职教的发源和先驱。湘籍专家与苏方职业培训中心合作，在当地挂牌设立"楚怡"职业教育合作基地，促进了中苏职业教育合作人文交流和可持续发展，为中非经贸合作输送人才。

## （五）创新制度，促进"楚怡"职业教育"走出去"可持续发展

中苏职业教育合作可持续发展，需要中苏双方制度创新，实践发力。

### 1. 推进中苏职业教育品牌融合发展

中苏职业教育合作需要推进职业教育品牌建设，促进中苏职业教育品牌

融合发展，做到"我中有你，你中有我"。要推动"楚怡"职教、"鲁班工坊"在苏丹等非洲国家的品牌建设，推动苏丹职业教育品牌建设，唱响中苏职业教育品牌，扩大中苏职业教育合作的影响力。

### 2. 推进国内与国外两个培训基地建设

在中方教师团队的配合下，加大苏丹当地培训基地的建设，为当地职业教育师资培养提供便利化条件。同时加大国内培训基地建设，为苏丹等非洲国家的师资培训提供成熟模式。

### 3. 推进国外教师团队与国内教师团队协同促进苏丹职业教育发展

派出的中方教师团队要适应在苏丹的工作，既要熟悉苏丹的历史文化，了解苏丹的国情民风，培养跨文化沟通意识和能力，尽可能地减少因文化差异而引发的冲突；又要有能力向苏丹传播中国的职业教育理念，讲好中国故事，传播好中国声音。国内教师团队应在标准开发、专业建设等方面为赴苏丹的中方教师团队提供支撑。

## （六）深化合作，形成本土化技术技能型人才培养的长效机制

教师是教育事业发展的基础，是提高教育教学质量的保障。合作学校如果没有优秀的教师，就没法培养出优秀的学生；合作学校如果没有教师，即使有再好的设备和校园环境，一切也都是徒劳，产生不了实质的合作效果。如果需要产生综合的合作效果，应当通过国内培训、现场指导、工资福利保障等多种措施对合作学校进行职业教育人力资源开发，着力提高师资队伍水平，赋予合作学校实力和灵魂。

中苏双方需要进一步深化合作机制，共商育人方案，共建育人机制，共享育人成果，根据市场需求共同培育技能型人才，将中国职业教育标准和体

系带入苏丹，构建"一带一路"技能型人才平台，将合作学校办好、办出品牌、办出特色、办出影响力，为苏丹和在苏中资企业提供本土化技能型人才，搭建"民心相通"支点。

本土化师资的培养既是"授人以渔"的重要内容，更是实现职业教育合作可持续发展的重要因素，可以通过师徒相授等方式加以培养。一方面本土化师资更有利于解决职业教育海外办学的师资问题，使办学能够更有效地推进；另一方面，培养本土化师资有利于苏丹更快速地接受和适应中国职教模式和职教经验。

### 1. 推动当地企业、中国商会、中资企业参与本土化技术技能型人才培养

推动当地企业、中国商会、中资企业参与人才培养方案的制订，参与到人才培养各环节；为实习实训提供实习场所，深度参与本土化技术技能型人才培养。

### 2. 推动"中文+职业技能"教学，培养中苏友好型技术技能人才

与在苏孔子学院和中资企业开展合作，吸引具有双语教学能力的华人共同参与"中文+职业技能"教学，培养中苏友好型技术技能人才。

### 3. 争取政府相关部门支持

中苏职业教育合作，离不开两国政府和相关部门的支持。中苏职业教育合作项目自实施以来，在中国国家国际合作发展署、商务部国际经济事务合作局和中国驻苏丹大使馆、湖南省商务厅及苏丹有关部门的倾力支持和精心指导下，中苏双方工作人员建立起紧密而和谐的合作关系，打开了中苏职业教育合作的工作局面。

## （七）砥砺前行，筑牢办学经费和质量保障体系

建立健全质量保障体系是实现职业院校协同企业海外办学"走得远，走得稳"的关键，更是实现中苏职业教育合作可持续发展的根本保障。结合中苏职业教育合作项目的实践发展，可以从以下两个方面来建立对非职业教育合作质量保障体系。

### 1. 筑牢办学经费保障机制

职业教育合作需要充足、稳定的经费支持。目前，湖南对外职业教育合作尚处于探索阶段，来自国家和地方的财政支持体系并不完善，职业院校和企业投入也不足。就湖南对非职业教育合作而言，除了应获得国家和地方的财政支持外，各个办学主体应积极参与经费筹措，建立专项资金，做到多方筹措经费，盘活各个经费来源渠道，保证对设备、师资、技术等的持续投入。同时，还要积极探索其他经费支持和筹措渠道，尤其要吸引社会组织的投资，如银行组织和基金组织等。另外，政府部门也应该建立起中国对非职业教育合作方面的专项财政拨款，加大对试点项目在经费上的支持力度。建立"财政 + 多元融资"体系也有助于实现办学经费的有效保障。

### 2. 建立办学质量保障体系

教学质量是跨国合作办学可持续发展的基本前提。在办学质量与监督方面，在湖南对非职业教育合作中，目前缺乏关于教学质量的成文政策和措施予以认证、监控和规范。在湖南对非职业教育合作需求和实践不断增加的背景下，应构建起完善的对非职业教育合作质量保障机制。可以借鉴发达国家职业教育国际化发展的成功经验，在办学过程中实施相关监督措施，如组织专门的办学质量审核监督部门，定期对办学质量进行审核，以确保中国职业院校的办学质量符合对象国发展的要求。同时，在学历资格认证方面，也应

做到定期或不定期抽查，以保障人才培养的时效性与专业性。一方面，应尽快出台职业教育跨国合作办学管理办法，明确实施细则；另一方面，应与国际教育质量保障与认证体系接轨，建立办学质量保障机制，也可学习其他国家的成熟经验，如英国设有高等教育质量保障署，对跨境高等教育进行质量评估与认证，并出具质量评估与认证报告，严把境外办学质量关，保证境外办学的国际声誉和影响力。

### （八）总结经验，继续加大职业教育合作力度

基于中苏职业教育合作，现提出以下几点建议。

**1. 加大职业教育合作力度，带动中国技术和中国文化输出协同"走出去"**

在合作中，随着产业转移和产业升级，对技术技能型人才的需求急剧扩大。在合作对象国，职业教育面临着一个重要的课题：职业教育的现代化和职业教育的层次提升。

在职业教育合作项目中，中国向合作职业院校捐助设备用于教学，推广中国职业教育模式，这意味着中国的技术维护会影响一代又一代的人，同时还会带来中国设备需求的扩张。推广中国职业教育的过程，也是中国教育文化、传统文化"走出去"的过程，可以实现中国职业教育与传统文化输出的协同。职业教育这样的合作项目，既能够较便利地实现中国职业教育的"走出去"，更有利于长期培养亲华人士，有利于为境外中资企业培养本土化人才。

**2. 加大职业教育合作项目的后续合作力度，发挥项目的持续影响力**

以恩图曼学校为例，由于苏丹财政极度困难，对职业教育的投入很少，如果没有后续合作，前期捐助的巨额设备设施，就可能运转不起来或运转不灵，甚至成为废铜烂铁。因此，后续每年捐助必要的运行维护费用，保障设

备设施的正常使用，坚持 5—10 年，能将职业教育合作常态化，在苏丹职业教育深深地打上中国的烙印。

### 3. 加大职业教育合作项目阵地坚守力度，将项目建成可持续发展的系统工程

中国与恩图曼学校的合作坚持了三十多年，中国影响植根恩图曼学校；韩国与苏韩学校合作三十多年，形成了浓烈的韩国文化氛围。从这两个职业教育合作项目分析，应打好"阵地战"，少打"游击战"，不坚守好阵地，打一枪换一个地方，阵地就会被别国入侵、甚至抢走。打好"阵地战"，注重可持续，一方面注重职业教育合作项目发展的可持续，另一方面注重合作对象国和合作学校的可持续发展，走内涵式发展道路，做到"墙内开花墙外香"，扩大职业教育合作项目的影响力。

为了可持续发展，应对现有制度进行完善，针对职业教育合作项目的实际需要，不惟招标论，对可持续发展项目，可以建立定向邀标制度、协商制度，同时建立优先权制度，即对前期实施较好的单位在继续合作时可以享有优有权。

### 4. 加大职业教育合作项目国产品牌产品竞争力，实现就地采购国产化

韩国与苏韩学校合作使用的产品都是韩国的品牌，汽修车间的汽车是"现代"；日本与苏德学校合作使用的产品都是日本的品牌，汽修车间的汽车是"丰田"。中苏职业教育合作项目在当地购买发电机、汽车时，很难找到国产品牌。随着中苏合作的加大，可以鼓励建立若干个区域生产中心，将生产的产品纳入采购目录，一方面中国产能和技术"走出去"，另一方面促进了国产品牌的扩张。

**5. 加大职业教育合作项目的精细化服务力度，构建中国精准对外职业教育合作体系**

从韩国、日本与苏韩学校、苏德学校合作的经验来看，两所学校的教学设施都是精心设计的，结合了苏丹的国情实际、场地实际和教学需要的实际，在捐赠设备的同时，强化对师资力量的培训，并且长期坚持，产生的效果是明显的。中国的职业教育合作项目，应当做到精准合作，后期提供精细服务，实现职业教育合作项目影响常在。中国应强化构建职业教育合作项目管理、实施队伍体系建设，开发职业教育合作项目精细化服务标准，构建涵盖物资捐赠与技术协助、合作培训相互衔接、协同服务的精准对外职业教育合作体系。

经过多年发展，中苏职业教育合作项目变化显著，从方式上看，由单向援助转向互利合作，认识到发展投资和贸易更加贴合实际，通过合作培训，为搭建对象国与中国企业之间的合作与对接摸索经验；从内容上看，主体多元且内容丰富，由政府主导转向学校、政府、民间多元参与，不再是单纯的设备与资金援助，而是开拓多样合作形式，尤其重视职业教育合作与产业、项目的结合。展望未来，中国与苏丹已建立战略伙伴关系，两国在诸多领域具有广阔的合作前景和发展潜力。中苏职业教育合作既是基于上述发展趋势的一种战略需求，同时也契合苏丹当前新政权求稳定、促发展的要求。进一步而言，解决苏丹就业与民生问题，促进两国民心相交正是中国特色大国外交理念的鲜明体现。

在构建人类命运共同体的新时代，中苏深化教育领域的合作有助于为苏丹经济发展培育人才后备军，真正增强其自主发展能力。明确中苏职业教育合作交流历史和现行模式具有更好地定位中苏关系，求同存异、取长补短的价值。中苏职业教育合作对中国、苏丹、非洲，乃至国际援助体系的充实完善都具有重要意义。在中苏职业教育合作中采取积极有效的措施，真正以教育支持苏丹破解其发展瓶颈是中苏职业教育合作进一步发展的应循之途。

综上所述，职业教育国际合作是促进中国人才转型、提升职业教育质量的重要助推力。七十多年来，中国职业教育从最初的接受发达国家援助到主动开拓、走出国门，得到了众多国家的认可，也促进了自身的快速发展。当然，由于当前职业教育的接受度和吸引力仍不高，中国职业教育国际合作依然面临较大的挑战，但我们相信，在党和国家的正确指引与政策支持下，中国职业教育国际合作势必会朝着更加开放、更加多元、更加科学的方向发展，在推动经济转型、提高人才培养质量方面发挥更加重要的作用。

# 参考文献

[1] 吴倩雯，叶张艳，黄佳妮等.中国与苏丹高等教育合作的现状与前景[J].中阿科技论坛（中英文），2022（03）：16-20.

[2] 古萍，郭晓莹.论苏丹职业教育的发展困境——兼论中国的职业教育援苏项目[J].安徽电子信息职业技术学院学报，2020，19(4)：97-100.

[3] 杨宝荣.中国与苏丹经济合作促进两国共同发展[J].当代世界，2008（5）：62-64.

[4] 陈沫.苏丹经济发展道路的探索及启示[J].西亚非洲，2018(02)：147-160.

[5] 王睦谊."一带一路"倡议背景下中国对苏丹直接投资的风险研究[D].北京：北京外国语大学，2016.

[6] 徐喜波，潘雪义.苏丹职业教育发展对我国职业教育"走出去"的启示[J].湖南科技学院学报，2018，39(08)：139-142.

[7] Abdelkarim Abbas. TVET in Sudan: government negligence, employers' response and challenges of reform under cluttered socio-economic conditions[J]. *International Journal of Training Research*，2019，17(3).

[8] 中华人民共和国外交部.苏丹国家概况[EB/OL].(2022.7.10) http://new.fmprc.gov.cn/web/gjhdq_676201/gj_676203/fz_677316/1206_678526/1206x0_678528.

[9] 刘亚西，陈明昆."一带一路"倡议下的中非职业教育合作：内涵、类型

与特征[J].教育与职业,2019(11):29-36.

[10] 袁杰伟.楚怡工业学校创办者、初期办学思想、办学特色回溯与探析[J].湖南工业职业技术学院学报,2020,20(05):23-26,58.

[11] 陈文静,陈群和,黄佳莉等.百年楚怡:湖南职教人的精神富矿[J].湖南教育(C版),2021(01):4-17.

[12] 袁杰伟,阳骁,梅伟华等.湖湘文化视域下楚怡职教精神溯源[J].湖南工业职业技术学院学报,2021,21(06):29-32,61.

[13] 刘湘国,才让草.新时代"楚怡"职教精神助推人才培养品质提升的研究——以铁道通信信号专业群为例[J].科技创新与生产力,2020(11):20-23.

[14] 邵荣."中非命运共同体"视野下的高职院校师资队伍国际化建设研究[J].决策探索,2018(22):51-52.

[15] 郭永生."一带一路"背景下高职院校国际化师资队伍建设对策[J].顺德职业技术学院学报,2021,19(03):47-51,56.

[16] 汤晓军.提质培优背景下高职教育国际化面临的挑战与发展路径[J].教育与职业,2022(05):61-66.

[17] 达巍,周武华.人文交流:开创中国与世界关系的全新空间[J].神州学人,2022(05):8-14.

[18] 尤咏.跨文化背景下"中文+职业技能"国际推广基地的发展策略研究[J].职业技术教育,2021,42(32):77-80.

[19] 黄旭.中资企业在非洲国家的人力资源本土化策略研究与建议[J].经济研究导刊,2020(09):177-178.

[20] 张春胜,王朝晖."一带一路"倡议下中国跨国企业本土化人才开发:基于来华留学生视角[J].科技与经济,2018,31(04):86-90.

[21] 马雁,王丽.职业教育国际化对"一带一路"民心相通的促进研究[J].潍

坊工程职业学院学报，2021，34（01）：27-30.

[22] 马君，李一凡.我国职业教育国际合作政策的发展历程、演进逻辑与优化路径[J].教育与职业，2021（20）：20-27.

[23] 阿依提拉·阿布都热依木，刘楠."一带一路"倡议下中国与哈萨克斯坦教育合作的政策对接与实践推进[J].比较教育研究，2019，41（12）：22-29.

[24] 徐喜波，潘雪义.苏丹职业教育发展对我国职业教育"走出去"的启示[J].湖南科技学院学报，2018，39（08）：139-142.